蘇民峰

風生水起

巒頭篇

圓方立極

「天圓地方」是傳統中國的宇宙觀，象徵天地萬物，及其背後任運自然、生生不息、無窮無盡之大道。早在魏晉南北朝時代，何晏、王弼等名士更開創了清談玄學之先河，主旨在於透過思辨及辯論以探求天地萬物之道，當時是以《老子》、《莊子》、《易經》這三部著作為主，號稱「三玄」。東晉以後因為佛學的流行，佛法便也融匯在玄學中。故知，古代玄學實在是探索人生智慧及天地萬物之道的大學問。

可惜，近代之所謂玄學，卻被誤認為只局限於「山醫卜命相」五術及民間對鬼神的迷信，故坊間便泛濫各式各樣導人迷信之玄學書籍，而原來玄學作為探索人生智慧及天地萬物之道的本質便完全被遺忘了。

有見及此，我們成立了「圓方出版社」（簡稱「圓方」）。《孟子》曰：「不以規矩、不成方圓」。所以，「圓方」的宗旨，是以「破除迷信、重人生智慧」為規，藉以撥亂反正，回復玄學作為智慧之學的光芒；以「重理性、重科學精神」為矩，希望能帶領玄學進入一個新紀元。「破除迷信、重人生智慧」即「圓而神」，「重理性、重科學精神」即「方以智」，既圓且方，故名「圓方」。

出版方面，「圓方」擬定四個系列如下：

1.「智慧經典系列」：讓經典因智慧而傳世；讓智慧因經典而普傳。

2.「生活智慧系列」：藉生活智慧，破除迷信；藉破除迷信，活出生活智慧。

3.「五術研究系列」：用理性及科學精神研究玄學；以研究玄學體驗理性、科學精神。

4.「流年運程系列」：「不離日夜尋常用，方為無上妙法門。」不帶迷信的流年運程書，能導人向善、積極樂觀、得失隨順，即是以智慧趨吉避凶之大道理。

在未來，「圓方」將會成立「正玄會」，藉以集結一群熱愛「破除迷信、重人生智慧」及「重理性、重科學精神」這種新玄學的有識之士，並效法古人「清談玄學」之風，藉以把玄學帶進理性及科學化的研究態度，更可廣納新的玄學研究家，集思廣益，使玄學有另一突破。

作者簡介

蘇民峰　長髮，生於一九六〇年，人稱現代賴布衣，對風水命理等術數有獨特之個人見解。憑着天賦之聰敏及與術數的緣分，對於風水命理之判斷既快且準，往往一針見血，疑難盡釋。

以下是蘇民峰近三十年之簡介：

八三年　開始業餘性質會客以汲取實際經驗。

八六年　正式開班施教，包括面相、掌相及八字命理。

八七年　毅然拋開一切，隻身前往西藏達半年之久。期間曾遊歷西藏佛教聖地「神山」、「聖湖」，並深入西藏各處作實地體驗，對日後人生之看法實跨進一大步。回港後開設多間店鋪（石頭店），售賣西藏密教法器及日常用品予有緣人士，又於店內以半職業形式為各界人士看風水命理。

八八年　夏天受聘往北歐勘察風水，足跡遍達瑞典、挪威、丹麥及南歐之西班牙，回港後再受聘往加拿大等地勘察。同年接受《繽紛雜誌》訪問。

八九年　再度前往美加，為當地華人服務，期間更多次前往新加坡、日本、台灣等地。同年接受《城市周刊》訪問。

九〇年　夏冬兩次前往美加勘察，更多次前往台灣，又接受台灣之《翡翠雜誌》、《生活報》等多本雜誌訪問。同年授予三名入室弟子蘇派風水。

九一年　續去美加、台灣勘察。是年接受《快報》、亞洲電視及英國 BBC 國家電視台訪問。所有訪問皆詳述風水命理對人生的影響，目的為使讀者及觀眾能以正確態度去面對人生。同年又出版了「現代賴布衣手記之風水入門」錄影帶，以滿足對風水命理有研究興趣之讀者。

九二年　續去美加及東南亞各地勘察風水，同年 BBC 之訪問於英文電視台及衛星電視「出位旅程」播出。此年正式開班教授蘇派風水。

九四年　首次前往南半球之澳洲勘察，研究澳洲計算八字的方法與北半球是否不同。同年接受兩本玄學雜誌《奇聞》及《傳奇》之訪問。是年創出寒熱命論。

九五年　再度發行「風水入門」之錄影帶。同年接受《星島日報》及《星島晚報》之訪問。

九六年　受聘前往澳洲、三藩市、夏威夷、台灣及東南亞等地勘察風水。同年接受《凸周刊》、《一本便利》、《優閣雜誌》及美聯社、英國 MTV 電視節目之訪問。是年正式將寒熱命論授予學生。

九七年　首次前往南非勘察當地風水形勢。同年接受日本 NHK 電視台、丹麥電視台、《置業家居》、《投資理財》及《成報》之訪問。同年創出風水之五行化動土局。

九八年　首次前往意大利及英國勘察。同年接受《TVB 周刊》、《B International》、《壹周刊》等雜誌之訪問，並應邀前往有線電視、新城電台、商業電台作嘉賓。

九九年　再次前往歐洲勘察，同年接受《壹周刊》、《東周刊》、《太陽報》及無數雜誌、報章訪問，同時應邀往商台及各大電視台作嘉賓及主持。此年推出首部著作，名為《蘇民峰觀相知人》，並首次推出風水鑽飾之「五行之飾」、「陰陽」、「天圓地方」系列，另多次接受雜誌進行有關鑽飾系列之訪問。

二千年　再次前往歐洲、美國勘察風水，並首次前往紐約，同年 masterso.com 網站正式成立，並接受多本雜誌訪問關於網站之內容形式，及接受校園雜誌《Varsity》、日本之《Marie Claire》、復康力量出版之《香港 100 個叻人》、《君子》、《明報》等雜誌報章作個人訪問。同年首次推出第一部風水著作《蘇民峰風生水起（巒頭篇）》、第一部流年運程書《蛇年運程》及再次推出新一系列關於風水之五行鑽飾，並應無綫電視、商業電台、新城電台作嘉賓主持。

〇一年　再次前往歐洲勘察風水，同年接受《南華早報》、《忽然一週》、《蘋果日報》、日本雜誌《花時間》、NHK 電視台、關西電視台及《讀賣新聞》之訪問，以及應紐約華語電台邀請作玄學節目嘉賓主持。同年再次推出第二部風水著作《蘇民峰風生水起（理氣篇）》及《馬年運程》。

〇二年　再一次前往歐洲及紐約勘察風水。續應紐約華語電台邀請作玄學節目嘉賓主持，及應邀往香港電台作嘉賓主持。是年出版《蘇民峰玄學錦囊（相掌篇）》、《蘇民峰八字論命》、《蘇民峰玄學錦囊（姓名篇）》。同年接受《3週刊》、《家週刊》、《快週刊》、《讀賣新聞》之訪問。

〇三年　再次前往歐洲勘察風水，並首次前往荷蘭，續應紐約華語電台邀請作玄學節目嘉賓主持。同年接受《星島日報》、《東方日報》、《成報》、《太陽報》、《壹周刊》、《一本便利》、《蘋果日報》、《新假期》、《文匯報》、《自主空間》之訪問，及出版《蘇民峰玄學錦囊（風水天書）》與漫畫《蘇民峰傳奇1》。

○四年

再次前往西班牙、荷蘭、歐洲勘察風水，續應紐約華語電台邀請作風水節目嘉賓主持，及應有線電視、華娛電視之邀請作其節目嘉賓，同年接受《新假期》、《MAXIM》、《壹周刊》、《太陽報》、《東方日報》、《星島日報》、《成報》、《經濟日報》、《快週刊》、《Hong Kong Tatler》之訪問，及出版《蘇民峰之生活玄機點滴》、漫畫《蘇民峰傳奇2》、《家宅風水基本法》、《The Essential Face Reading》、《The Enjoyment of Face Reading and Palmistry》、《Feng Shui by Observation》及《Feng Shui — A Guide to Daily Applications》。

○五年始

應邀為無線電視、有線電視、亞洲電視、商業電台、日本NHK電視台作嘉賓或主持，同時接受《壹本便利》、《味道雜誌》、《三週刊》、《HMC》雜誌、《壹週刊》之訪問，並出版《觀掌知心（入門篇）》、《中國掌相》、《八字萬年曆》、《八字入門捉用神》、《八字進階論格局看行運》、《生活風水點滴》、《風生水起（商業篇）》、《如何選擇風水屋》、《談情說相》、《峰狂遊世界》、《瘋蘇Blog Blog趣》、《師傅開飯》、《蘇民峰美食遊蹤》、《A Complete Guide to Feng Shui》、《Practical Face Reading & Palmistry》、《Feng Shui — a Key to Prosperous Business》、五行化動土局套裝、《相學全集一至四》等。

蘇民峰顧問有限公司
電話：2780 3675
傳真：2780 1489
網址：www.masterso.com
預約時間：星期一至五（下午二時至七時）

自序

風水學是中國古代流傳下來的生活智慧，代代相傳，其中有不少精粹。而每一代風水師又會把它改良，然後精益求精，當然包括我在內。尤其是近一百年，社會之進步，更是一日千里。在建築方面，由平房式建築至現代數十層以至過百層以上之高樓大廈，比比皆是，故在勘察方面亦需要改良。以門向論，中國古建築，大門與窗同向，又一宅之內只住一家人或一族人。但現代多層式大廈，窗與大門方向都不盡相同，而一座大廈內亦住上過百戶不同姓又無親屬血緣關係的人，故看法不能不作出改變。但很多舊頭腦的師傅，都無法適應現代社會之變化，而相應作出改變，以致錯誤百出。以大廈大門作方向有之，以窗戶作方向有之，以露台作方向有之，以有陽光入窗之方作方向有之，錯誤林林種種，而這都因為不能把古代風水之理論進化到現代所致。

其實空間要有人居住，才有風水之存在。如一座沒人居住之居宅，無論它的風水有多好或多壞都無意義，因為一定要有人住進去，才有風水效應。所以，以進入屋之處作為大門方向一定不會錯，故每戶皆應以自己居屋之大門作為方向。

又古代之居室內並無廁所、廚房，因廚廁多蓋於主屋外，為一個獨立之建築。但現代建築物，廚廁皆在屋內，所以其對風水所產生的效應，不能不作一個新研究。故我在這書內把我這三十年所研究之現代陽宅心得詳列於書上，望後學者能把風水傳承下去，即於願足矣。

此書是風水入門的最好讀本，同系列還有《理氣篇》、《例證篇》、《商業篇》、《如何選擇風水屋》，再加上《風水天書》與《家宅風水基本法》，雖不能說把所學的都記載，但亦有八九矣，學者如能熟讀，必能窺風水之秘奧。

蘇民峰

目錄

第三章 宅內形勢

第四章 煞氣與化煞

第五章 活用風水

（圖一）肥厚的山

（圖二）動龍——龍爪在伸延，像向前移動一樣

（圖三）病龍（山石破落）

（圖四）維多利亞港——曲水有情，利財

（圖五）吐露港——靜水有情

（圖六）儲水池——亦可聚財

（圖七）裕華國貨——收逆水之例子

（圖八）恆生銀行——逆水之例子

(圖九) 崛頭路

(圖十) 大樹也會影響風水

（圖十一）門前不宜有枯樹

（圖十二）消防局煞氣重

（圖十三）天橋底下之店舖

（圖十四）整齊墳場

（圖十五）牛角屋頂煞氣重

（圖十六）大片動土是為動土煞

第一章 風水我見

風水概論

現今香港因傳媒之推廣，令很多人對風水都略懂一二，而且議論紛紛，迷信之極。為甚麼我說他們迷信呢？因為他們根本不了解這門學說，沒有深入研究，以致不知吉凶，禍福難辨。其實風水不是短短三言兩語就可以解釋，而且亦不是每個學習者都可領悟貫通，例如有尖角的地方是尖角沖射（雞嘴煞），但並不是所有有尖角對着的地方皆有煞氣，而是需要有一定的條件和形勢才會發生作用。又有次聽到某風水師被問及何以黑色屬水，他說北方有一條河叫「黑河」，因所以然。其實水是無色的，又怎會被當作黑色呢？只因為水在北方（坎），火在南方（離），水代表陰暗，火代表光明，所以人們才以黑色來代表水。只看這些例子就可以說明風水學說很容易因道聽途說而謬論百出。

至於部分風水師更誇言風水佈局可以令人發達，生子生女，無財發財，就更是無稽之談，因為人如果可以憑風水發達，則世上永無窮人。正確地說，風水只是對人起輔助作用——如果你在好運時，又能得風水之助，便使你事半功倍；反之在衰運時，利用風水

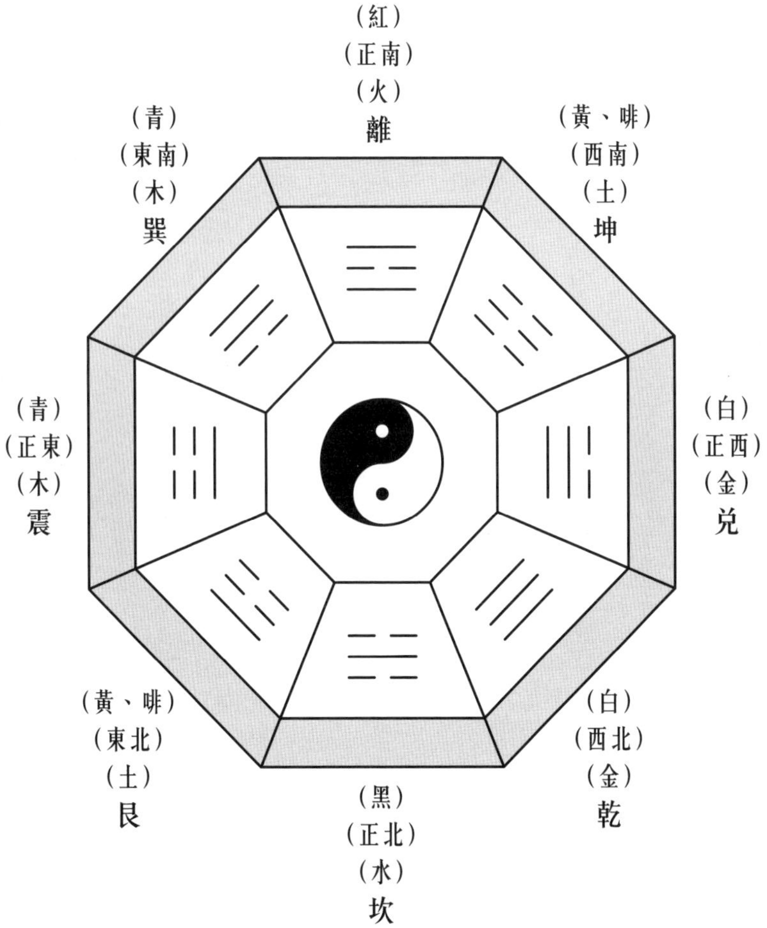

八卦配方位及顏色

佈局，也可使禍害減低，但歸根究底，發達與否，還是掌握在命運中，所謂一命二運三風水是也。至此相信讀者會明白為何有人因請風水師擺局後而發達，有些則全無用處！

總而言之，各位如欲研究此門學説，應多參考各家各派的理論，推敲研究。而且最重要的是實踐驗證，因為紙上談兵而無實際經驗者，並不足以成為真正的風水師！

風水是否迷信

外國人當風水堪輿是自然科學，反而很多中國人視風水為迷信，且常與鬼神、宗教扯上關係。其實風水、面相、掌相、八字，大多是從統計與經驗累積而來的，只是有些風水師，本身有宗教信仰，故把風水與自己所信的宗教混合了，而使一般人產生混淆而已。

風水是一門自然科學，先民強調風水方向最好坐北向南，皆因中國地理形勢是西北高而東南低，春天吹東風，夏天吹南風，秋天吹西風而冬天吹北風，故坐北大門向南便起到冬暖夏涼的效果，繼而慢慢發展，成為一套專門而有系統的學說，距今已有三千多年。

而風水主要有形煞、氣煞之分，如「雞嘴煞」（見下頁圖一）形氣兼備，而路沖（見下頁圖二）則只有氣而無形。其實每種煞氣都是有特定條件的，並非隨便說說便是。

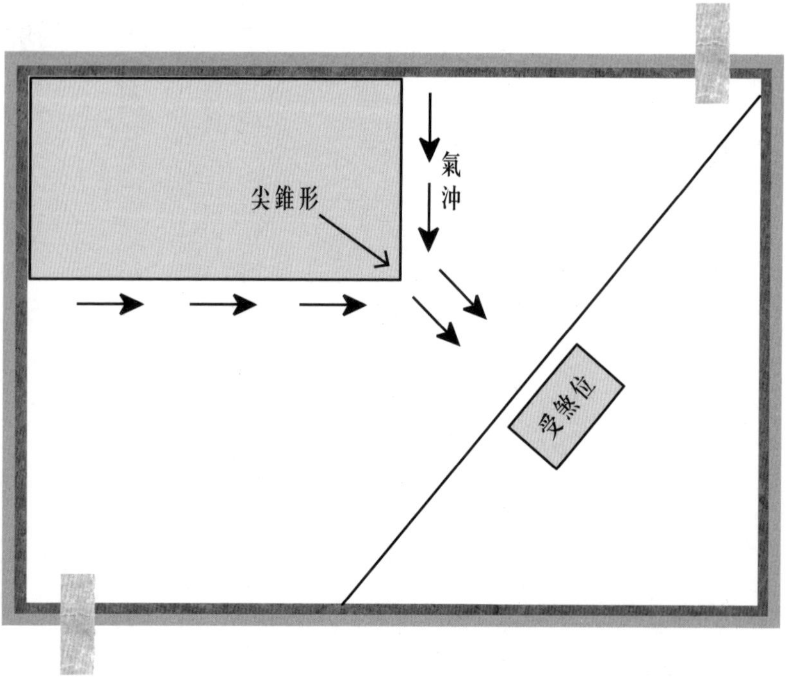

（圖一）此地為尖角沖射（即雞嘴煞），如居此地，後果同路沖一樣。

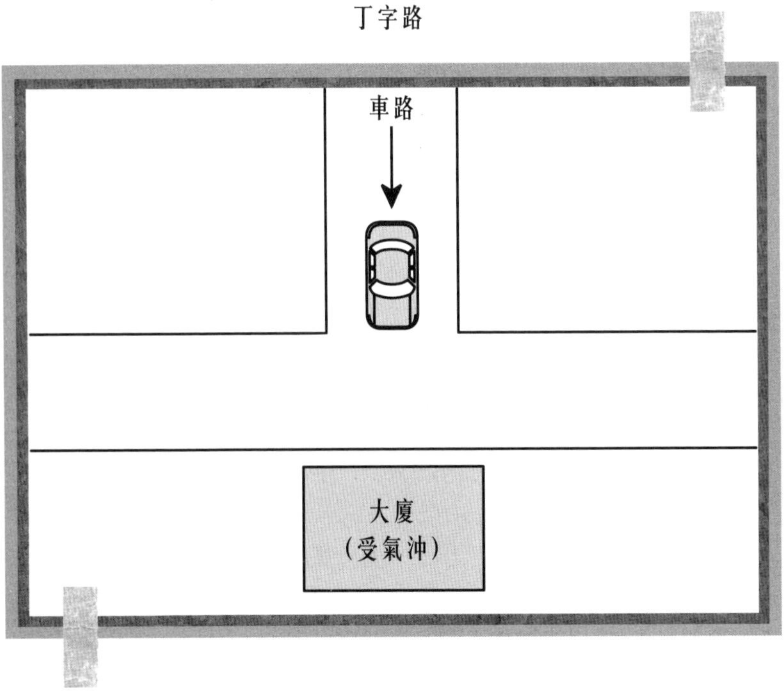

（圖二）此地即為路沖（犯三煞），如居此地會生病，做店舖則生意大上大落。

巒頭風水

風水學主要分為巒頭及理氣兩種。巒頭可以憑觀察而理解其中之作用及好壞影響；理氣則要通過計算，且計算之方法亦各有不同，例如有八宅法、飛星法、玄空法及三合法等，不過我在本書會先集中解釋巒頭應用，而巒頭又分為宅外形勢與宅內形勢。

第二章 宅外形勢

一、論地運

宅外形勢為居室外圍環境對居室之吉凶影響，如山川、河流、大廈、馬路等因形狀不同、方向各異而有所不同。

如下元八運（二〇〇四至二〇二三年）西南有水則旺財（見彩圖六），西南有山則損丁；東北有水則破財，東北有山則旺丁。

九運（二〇二四至二〇四三年）北面有水則利財，北面有山則損丁；南面有水則破財，南面有山則旺丁。

一運（二〇四四至二〇六三年）南面有水則旺財，南面有山則損丁；北面有水則破財，北面有山則旺丁。

二運（二〇六四至二〇八三年）東北有水則旺財，東北有山則損丁；西南有水則破

東南		南		西南
	四	九	二	
東	三	五	七	西
	八	一	六	
東北		北		西北

以上號碼代表一運至九運，一運以一為當運星，而一在北面，所以利北面有山、對宮南面有水之地。

如八運以八為當運星，而八在東北，所以利東北有山、對宮西南有水之地，餘此類推。

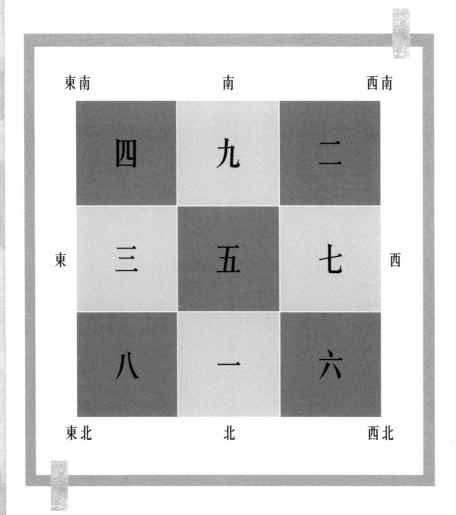

財，西南有山則旺丁。

三運（二〇八四至二一〇三年）西面有水則旺財，西面有山則損丁；東面有水則破財，東面有山則旺丁。

四運（二一〇四至二一二三年）西北有水則旺財，西北有山則損丁；東南有水則破財，東南有山則旺丁。

五運（二一二四至二一四三年）雖在風水學中為中央而無方向，為虛空期，吉凶不顯，但前十年可參照四運來看，後十年可參照六運來看。

六運（二一四四至二一六三年）東南有水則旺財，東南有山則損丁；西北有水則破財，西北有山則旺丁。

七運（一九八四至二〇〇三年）東面有水則旺財，東面有山則損丁；西面有水則破財，西面有山則旺丁。

餘此類推，一百八十年為一個循環，稱之為三元九運。三元為上元六十年、中元六十年、下元六十年，九運則每二十年為一運，所以三元九運即為一百八十年。

二、山形

山之形狀不同，對居室亦有吉凶之影響。

風水學上有云：「山肥人富，山瘦人饑。」山肥是指山勢圓潤，有草木遮蓋（見圖一及彩圖一），如大埔、粉嶺、元朗及中區半山等皆為肥山發富之地，人丁亦得以暢旺。

瘦山指山形瘦削，無草木遮陰（見圖二），如獅子山及屯門一帶之地，主男人較辛苦，女人易生婦女病，小兒難教易成少年罪犯，財運不佳等（見彩圖二至三）。

（圖一）肥山

（圖二）瘦山

三、水勢

水以清澈、緩慢、帶曲、向我為佳。水流清澈代表出人俊秀，水流混濁則人無貴氣，行為低劣。水勢緩慢（見彩圖五）代表人有情味，鄰里和睦，合家有情；水勢過急，則人無忍耐力，易因小事爭執，鄰里不合，家庭不和。水形帶曲如「之」字形（見圖一），主發貴，求官易得，亦利學業考試；水形直過（見圖二）則為無情，財帛不利，易有破財之象。水向我流代表有情利財；水向外流走則破財漏財。水形環抱向我（見圖三及圖五）為吉，主易得貴人之助；水流背我謂「反弓水」（見圖四），主無情，易為朋友出賣。

（圖一）曲水

（圖二）直水

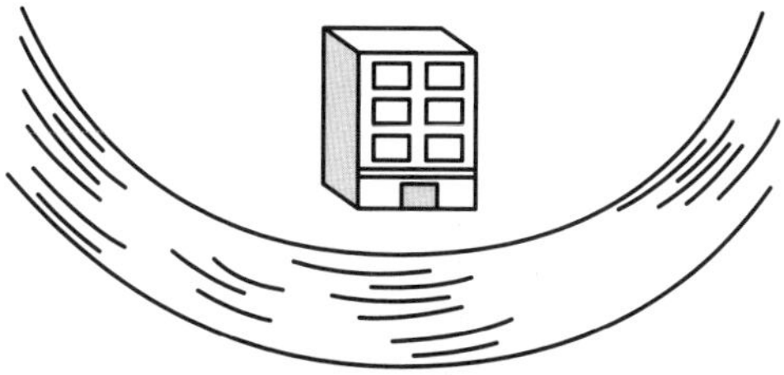

(圖三) 環抱有情

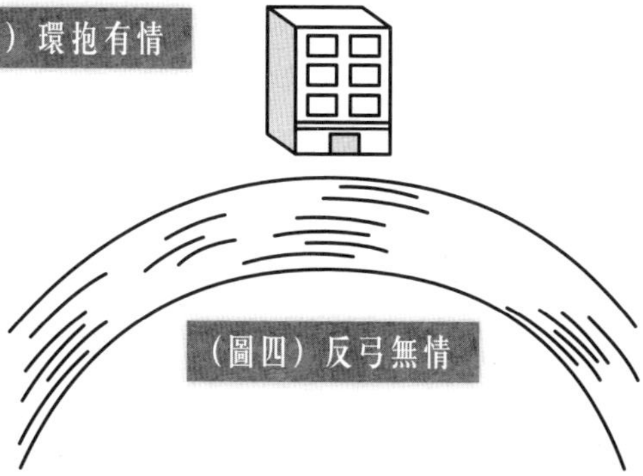

(圖四) 反弓無情

(圖五) 山環水抱

屯門的山水形勢

屯門是近年發展規模較大的新市鎮，二〇一三年區內人口接近五十萬，而且大多數為核心家庭及剛剛置業之人士，所以相信不少屯門居民或快將遷入該區的人，都會有興趣多知一些屯門的風水問題。

一般來說，風水的好壞與區內的山水形勢有着不可分割之關係。所謂「山肥人富，山瘦人饑」，就說明了山之形態最好是連綿不斷而又氣勢渾圓而青蒼，最忌怪石嶙峋、寸草不生。

至於山水之形勢，最重要是哪方來水，是曲水還是直水等。如一九八四年至二〇〇四年為下元七運，東邊來水最旺，其次東南邊，而最弱來水為正西邊。如海濱花園即為東山西水，損財傷丁。至於屯門方面屬西南邊水，當時亦地運未至，到二〇〇四年後地運方至（現為二〇一四年，這兩區已開始逐漸行運）。

言歸正傳，我們講屯門風水便要從荃灣說起。荃灣之山脈發自大帽山，龍肥脈壯，渾圓有勢，且鄧氏之祖墳半月照潭亦藏在區內。雖然荃灣之地運在二〇〇四年前未至，但區內的工、商、住都已發展起來，更沿青山公路發展開去。然而其山勢方面便沒有那麼理想了，因渾圓之山勢伸延至深井後便不復見，換來的是亂石凸出，草不連山。又從深井至屯門，尤其過了大欖之後沿途所見之山石，皆奇形怪狀，三尖八角，使人有很不舒服之感覺。進入屯門區內，山形更壞，再見的不是亂石或怪石，而是一座一座形狀怪異、光禿而嶙峋的山，與荃灣之「龍肥脈壯」比較，屯門屬「牽裙舞袖」，娥眉獻媚。

屯門以前只是很荒涼的村落，土地瘦瘠不宜耕種，村民的生活十分窮困。但時至今日，屯門無論在外貌、交通、居住方面都有明顯的改善，且風水亦因地運變遷而好轉。

屯門在地理方面被東西兩山所夾，南面為青山，中為屯門河，把屯門分開東西兩面，七運屯門西面之風水較東面為佳，因河在東面可利財，現發展為工業城。八運則以東面較為優勝，可食正西南水運。亂石嶙峋、牽裙舞袖對屯門有甚麼影響呢？牽裙舞袖只看字面亦知道有淫邪之意，表示區內婦女容易因外在關係而致婚姻出現糾紛。尤其是一九八四至二〇〇四年七運時，桃色紛爭、色魔事件時有所聞。

工作方面男人則辛苦，營營役役，奔波勞碌，換來只是兩餐溫飽。至於小孩如在此區長大，就容易頑劣不堪，無心向學，所以區內有不少青少年問題。但隨着二〇〇四年以後之十年，地運漸漸轉佳，區內之環境亦明顯逐漸改善。

七運時屯門風水不好，但隨着人口旺盛，樓宇密度更高，使區內得以藏風聚氣。再加上下元八運之配合，現在樓價已直迫市區了。但窗外望着青山公路一帶的亂石，還是有壞影響，可在窗邊多放植物化解（見圖一）。

（圖一）

四、風水常用術語

左方名為青龍——代表男性，屬木。
右方名為白虎——代表女性，屬金。
前方名為朱雀——代表文書，屬火。
後方名為玄武——代表人緣，屬水。
中央名為勾陳——代表所在地，中央。

一般術數家皆認為左方青龍為吉方，右方白虎為凶方。常說青龍方宜高，白虎方宜低，不論大門外或窗外皆以左方有高樓、高山、高地、實牆為吉；右方有高樓、

右面白虎位有尖角

高山、實牆為凶。其實不可盡言，因為每間房屋所面對的方位都不同，而且每個地運之吉凶方位亦各異，所以應以每一地運之吉凶方位不同而作出不同的判斷。

為使各位讀者易於掌握，簡單綜合如下——

六、七、八運——以西面有實物為佳，東面有實物為凶；

二、三、四運——以東面有實物為吉，西面有實物為凶；

一運——以北面有實物為吉，南面有實物為凶；

九運——以南面有實物為吉，北面有實物為凶。

其餘方位之吉凶影響不大。

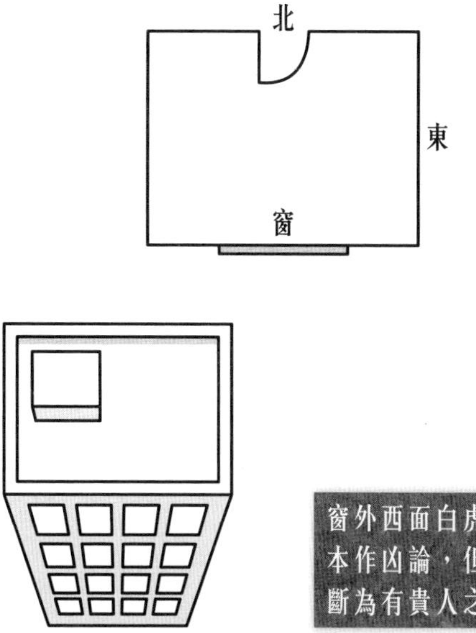

窗外西面白虎位有大廈本作凶論，但在七運可斷為有貴人之助。

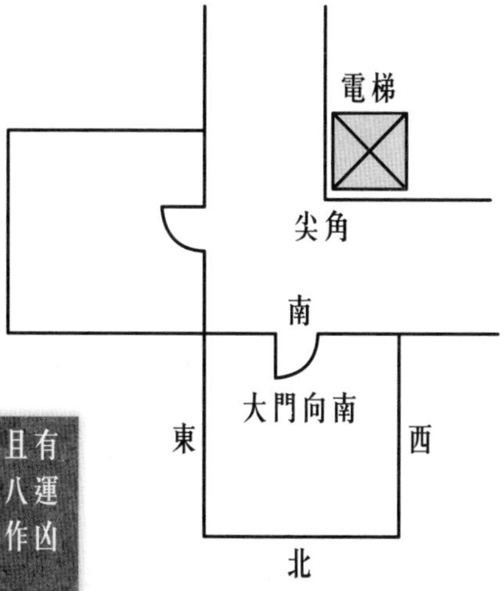

右面白虎位有尖角且有電梯本作凶論，但八運利西面有實物，不作凶論。

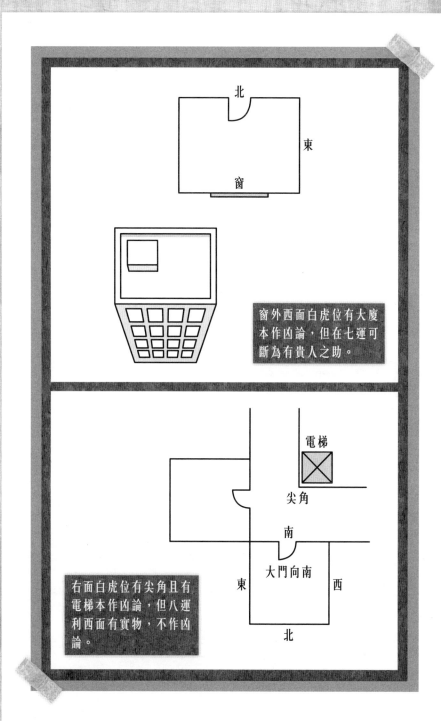

五、住宅不宜建在山谷的出入口（凹風）

依風水學理論，住宅不宜建在山谷的出入口處（見圖一），因為風水首重藏風聚氣，而山谷的出入口處為氣的必經之路，無法藏風聚氣，且經常受猛烈之氣衝擊，導致陽氣過盛，容易令屋內的人經常爭吵，大小不和，甚至常常生病及發生意外等。

但若果有一組建築物在山谷的出入口（見圖二），而且大門背對出入口之位置，如此便沒有大礙。因為

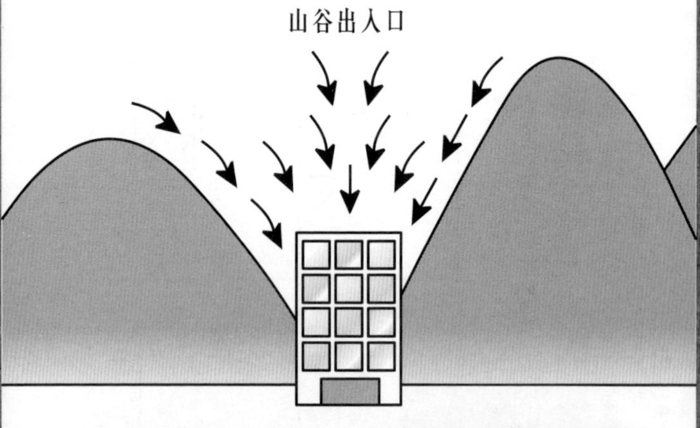

(圖一) 獨立建築物不能藏風聚氣，故受「凹風」之影響較大。

在這種情況下，該組建築物會自行起到藏風聚氣的互惠作用，且背對山谷出入口，亦不怕因受氣過猛而要有所避忌。

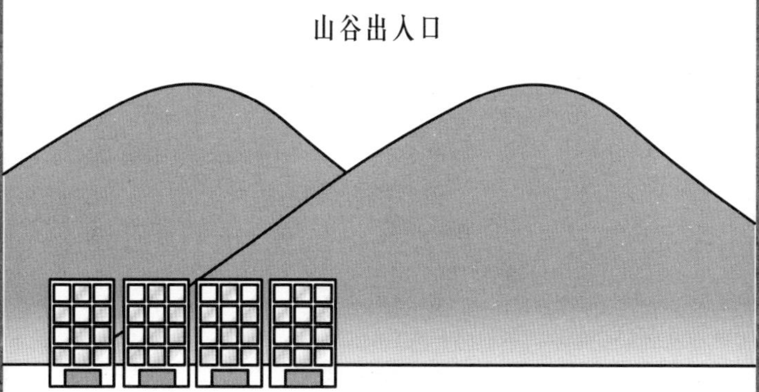

(圖二) 一組建築物背對山谷會形成藏風聚氣，對住宅人口無礙。

六、住宅不宜建在山坡及山脊之下

住宅亦不宜建在斜坡及山脊之下。因為住宅建在斜坡或山脊之下，所受之氣必重，如此便可能會出現兩種情況：一為斜坡及山脊有倒塌危機；一為屋宇本身有倒塌危機，尤其屋前有河道或近海的地方最為嚴重。

風水學有分陰氣、陽氣二種，陰氣在地下，陽氣則在天空。陰氣之特性為「界水即止」，意思是遇到有水之地方，陰氣便不會前進，而停留在水的前面。陽氣的特性則為遇空而竄，即逢有空曠之地方，陽氣便不會停止，直至遇有阻礙物為止。如果住宅建在斜坡或山脊之下且前面有水，便會形成陰陽氣同聚一方之象（見圖一）。如果是高大的建築物，其危險性較低，最多只會有斜坡倒塌的可能，但若果是低矮的建築物，則會有樓宇倒塌的危機。記得曾經有個學生告訴我，謂在台灣見過一建築物在颱風來臨時整座倒塌，死了很多人，而該建築物所在之處，便是陰陽二氣交匯之地，所以在颱風來臨時，便會因抵受不住陽氣的猛烈衝擊及陰氣的帶動力，而致整座倒塌下來。

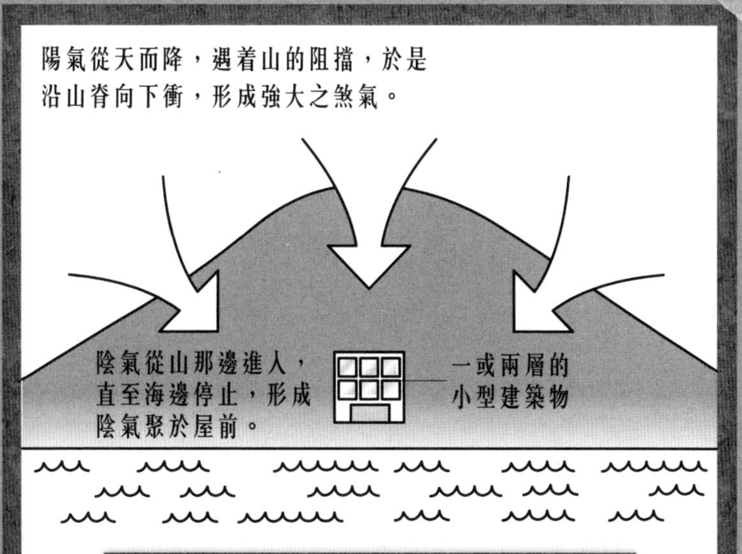
陽氣從天而降，遇着山的阻擋，於是
沿山脊向下衝，形成強大之煞氣。
陰氣從山那邊進入，
直至海邊停止，形成
陰氣聚於屋前。
一或兩層的
小型建築物

(圖一)陰陽二氣在建築物中交匯，形成強大的煞氣，引致此建築物抵擋不住，倒塌下來。

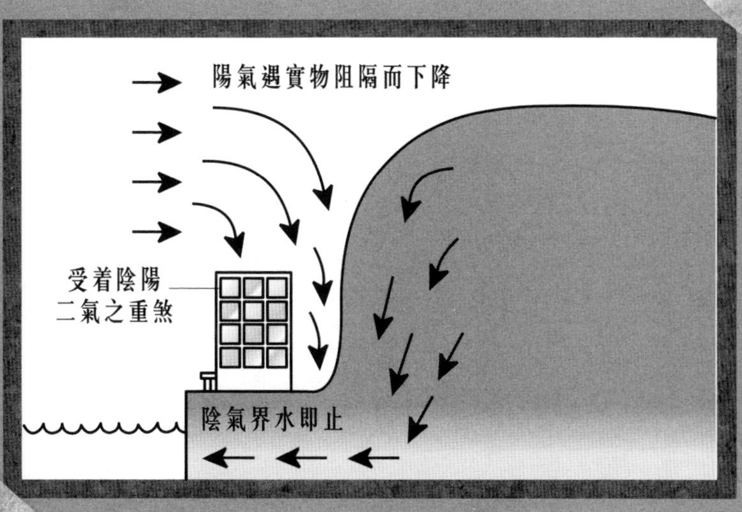
陽氣遇實物阻隔而下降
受着陰陽
二氣之重煞
陰氣界水即止

七、三煞路沖（十字路口）

住宅在十字路口，風水學稱之為「三煞位」。路沖之氣屬陽，道路車多即陽氣過盛，容易令住在裏面的人精神緊張、脾氣暴躁，更甚者會引致生病或爭執打鬥。

不過，對地舖而言，犯三煞卻可能是件好事。因為風水學上有云：「要快發，鬥三煞」。如果鬥贏三煞的話則財源廣進；如相反，鬥輸的話便會出現損財傷丁之象。

在香港，最出名的鬥三煞舖位就是恒生銀行，而位於佐敦道的裕華國貨亦是一典型例子（見彩圖七及八）。

恒生銀行很多分行都開設在街角之三煞位置，從而把三煞之氣迎入門內，又該銀行通常的佈局是：入門位置先設數級樓梯把煞氣沖散，繼而設計外闊內窄的大門，有如漏斗一樣，把煞氣縮窄再迎進銀行內。入門後為一很大的大堂，把收窄的煞氣迅速散發四周，如此便可把煞氣收為己用。

至於裕華國貨的佈局則較簡單，只是在大門旁放置一對獅子擋煞。

鬥三煞最重要的是「收順水」或「收逆水」。

很多對風水不太了解的人士，在街角位置開店時，都喜歡把門口開在四十五度角位，以為如此便會成功。不過，事實上，除方位位置外，尚要注意所在街角位的汽車來往位置。因為收煞為用，需要汽車流向直沖入店方可起收煞的作用（見圖一）。

相反，如果門口跟汽車路向一樣，

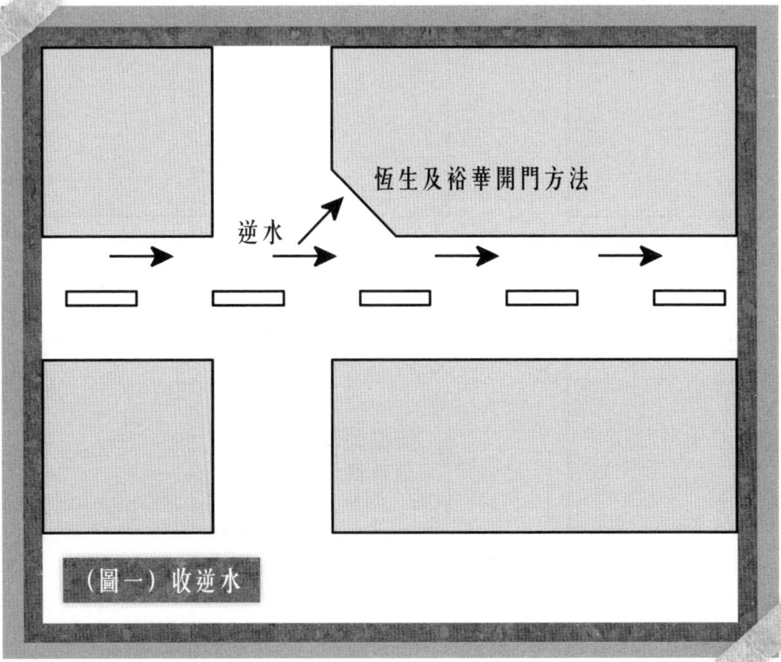

（圖一）收逆水

便起不到收煞的作用，且店內財氣更會被汽車帶動之氣所帶走（見圖二）。

像以前紅磡大環山恆生銀行分行便犯正大忌。因為該分行的開門位置與汽車路向相同，從而形成急速散財之象，但後來已更改為向正面開門，故應較以往為好。

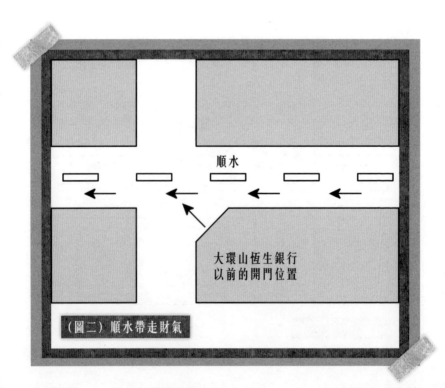

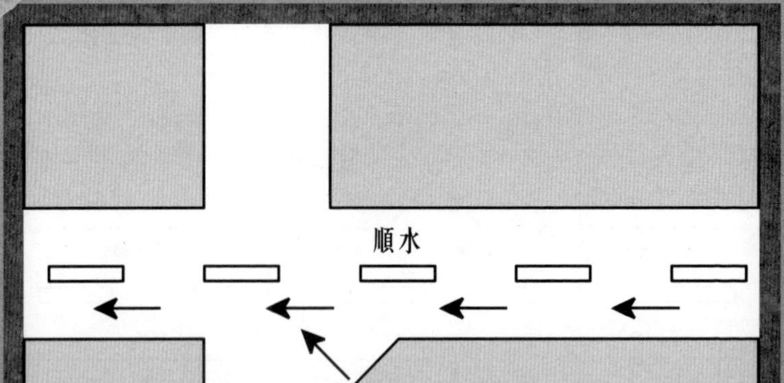

（圖二）順水帶走財氣

八、三煞路沖（丁字路）

在香港，我們很多時都會發現一些店鋪開張不久便「關門大吉」，或是不斷轉換老闆，又或是更改店名。為甚麼會有這種情形出現呢？最可能的原因，就是那些店鋪剛好都在三煞位置，而三煞位中以丁字路口之煞氣最重。一條小路攔腰沖越大路，而對面卻又不能和小路貫通的，我們稱之為「丁字路」，而被那條小路沖正的店鋪便是犯正三煞。若果沒有適當的佈局化解，便會出現損丁漏財的情況。

而最典型的例子，要算是九龍的寶靈街和德成街。寶靈街是彌敦道旁的一條橫街，直出彌敦道後便到對面的恆豐中心，所以恆豐中心剛好是建在三煞位上。但恆豐中心在佈局上恰似一張張大的嘴巴，剛巧可把煞氣「吞」掉，於是不凶反吉，起了化解三煞的作用。但自從寶靈街盡頭被建築物阻擋，煞氣便明顯不夠力了。

至於德成街，則是一條貫通覺士道和彌敦道的小街。本來，丁字路的三煞應該是街愈長、煞愈重，但短短的德成街卻也有極重的煞氣，何解？因為從德成街近覺士道那邊起計，有童軍會、軍營等，再過則為理工大學、海底隧道，然後直出維港，都是一些低矮的建築物或平地。風水學上有云：「氣乘風而散，遇空而竄」，空曠地方會形成了一股強大之氣。而此氣見空而竄，竄出佐敦道、柯士甸道和德成街。因前兩處並非「崛頭路」，所以此氣可暢通無阻，但德成街則不然，氣一直沖越彌敦道到對面的店鋪才止。

被沖正的鋪位，的確曾經多次易主。因為那些商號的門口，都是正對德成街，但又沒有任何風水佈局化解，自然「食正」三煞，關門大吉。

後來，此煞氣由商號A擺平（見圖一）。大概該店曾經請人看過風水吧，所以店的大門不再如以前之商號般開在正對德成街之位，而是移向右邊，避開三煞，又在三煞位置安裝了一條類似三叉的燈軌，把三煞氣叉散，起了一種把煞氣收為己用的效果。

不過，現在已無法看到此佈局，因此店生意大旺，已被大財團高價收購，後來這鋪位更被一分為二。原本的商號A，已成為正對三煞位的左邊鋪位，而且不再有任何風水佈局，後果如何，真是要拭目以待了。

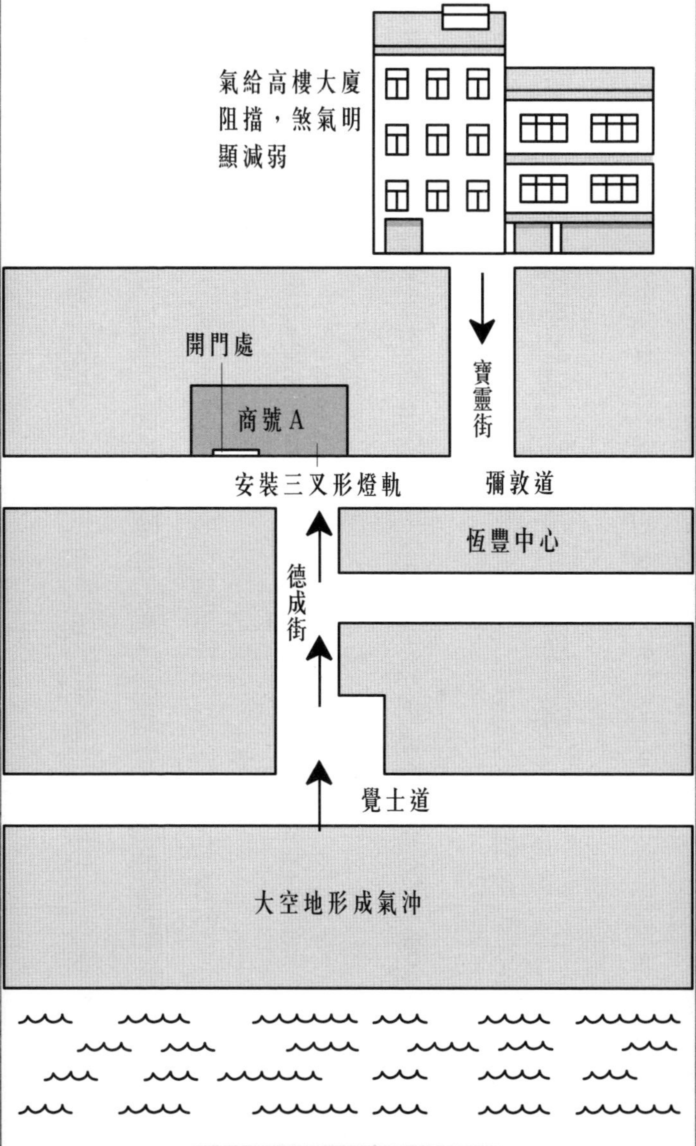
氣給高樓大廈
阻擋，煞氣明
顯減弱
開門處
商號A
寶靈街
安裝三叉形燈軌
彌敦道
恆豐中心
德成街
覺士道
大空地形成氣沖

(圖一) 商號A的化煞佈局

九、孤陰不生（在崛頭巷內）

中國人對萬物均有「陰陽」的概念。例如男屬陽，女屬陰；人屬陽，鬼屬陰；動為陽，靜為陰；向外發展為陽，內聚為陰等，無不說明了陰陽的分別。這篇要講的，便是如何分辨街道的陰陽，以及陰陽不同的街道應作何種行業才較有利。

分辨街道陰陽的最簡單方法是：大路幹線為陽，橫街窄巷為陰；人流旺為陽，人流少為陰；有氣沖為陽，「崛頭巷」為陰。如仔細再分，則每條街之左右兩邊亦有陰陽之別。若各位讀者不信，大可到附近的街道察看，必然會發現多數只會獨旺街道其中一面，另一邊必然較靜。

陰陽之分究竟有何用處呢？以下為各位詳細說明。

陽街的意思是大街大巷及人流多的地方，所以適合要旺丁之生意，例如零售業、便利店或涼茶舖等；不適合的行業則為夜總會，因為夜總會屬於陰的行業，只有開設在陰地，生意才會興旺，若開在陽地，效果便會沒有那麼好。試想，去夜總會的客人有多少會喜歡在眾目睽睽下進去呢？所以，我們會發現差不多九成的晚間消費場所，都開設在陰地。

至於陰地，則是指橫街窄巷、死巷或人流少的地方，又這些地方並不適合應在陽地經營的生意。

還記得在多年之前為一客人看風水，位置在太子道以前某咖啡屋對面。那邊的風水本無不妥，但卻不宜經營便利店式的大士多。試想想：有誰會專程跑到那些地方買一瓶汽水或一罐餅乾呢？真的神仙難救，最後自然要關門大吉了。

最為人熟知的陰地，相信莫過於山林道了（見下頁圖一及彩圖九）。山林道在尖沙咀，是一條「崛頭路」，車輛不能貫通，因此成為陰地。據我觀察所得，在此處經營的時裝店或其他零售業商店，很多都不出一年便倒閉，只有特色食店及卡拉OK愈開愈多，這便足以證明陰地對屬陰之行業所起的作用。

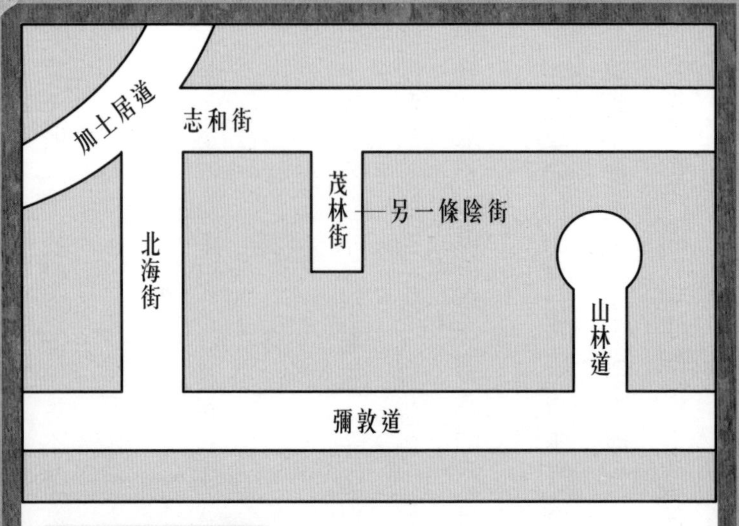

(圖一) 孤陰不生

十、獨陽不長（單面街道，對面無舖頭）

如店舖所在之地，對面並無店舖相對，譬如是公園、公路旁邊或是山坡等，皆會產生陰勝於陽之局面。其結果同孤陰不生的局面相似，只有從事一些較冷門之行業，才有突圍而出之機會。

例如在旺地之獨陽街舖，可從事如批發式的夜冷、有特色的酒樓菜館，或售賣奇特服式及開茶餐廳、遊戲機舖等。如在較靜地段之獨陽舖

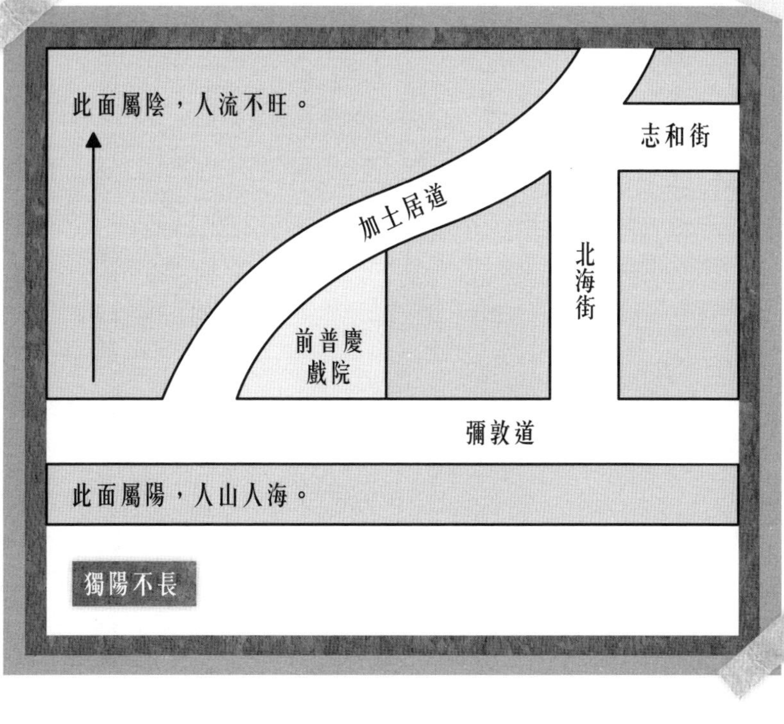

頭，則可從事地產行業、洗衣店、家居用品店等。

不論旺地或較靜地區之獨陽舖頭，皆不宜從事普通之零售行業，因為其業績受到風水之影響後，必然不大理想，最終只會徒勞無功，甚至關門大吉。

十一、門前正面有枯樹

大門或窗之正面不宜見大樹的樹幹貼近（見彩圖十），風水學上稱之為「頂心杉」，因會阻擋氣流入屋，使陰陽不調和及阻擋財氣的進入，又如現代之路牌和柱擋於鋪位面前亦作頂心杉論。頂心杉從形煞論好像有一條柱頂在心口上，所以身體會出現肺部及呼吸系統的問題。

如屋前有枯樹則更凶，因枯樹所發出之氣為死氣、霉氣，形象上亦為死亡的象徵，會對身體產生不良之效果（見彩圖十一）。如本身體質強健，會引致情緒低落，沒精打采；但如果本身體質不佳，則會產生更大的壞處，令身體不健康的部位之病情加劇，病上加病。

遇上以上情況，因為不能改動門前的大樹、路牌柱或枯樹，故適宜用植物、反光鏡等物件化解，尤其遇到有枯樹則效果更為明顯。

十二、門前不宜對電燈柱

電燈柱因內有電線，屬火。如門前對電燈柱即會把火氣引接入屋，小則引致室內人口不和，易發脾氣，令屬火之身體部位不適，如心、眼、皮膚、血液循環等，大則有火災之可能。

筆者多年前就曾經遇過門前對正電燈柱，再加上門前動土，且店舖內有一面大鏡對正正門，而鏡後是廚房的個案（見圖一）。在動土後不久，店內一隻貓隨即

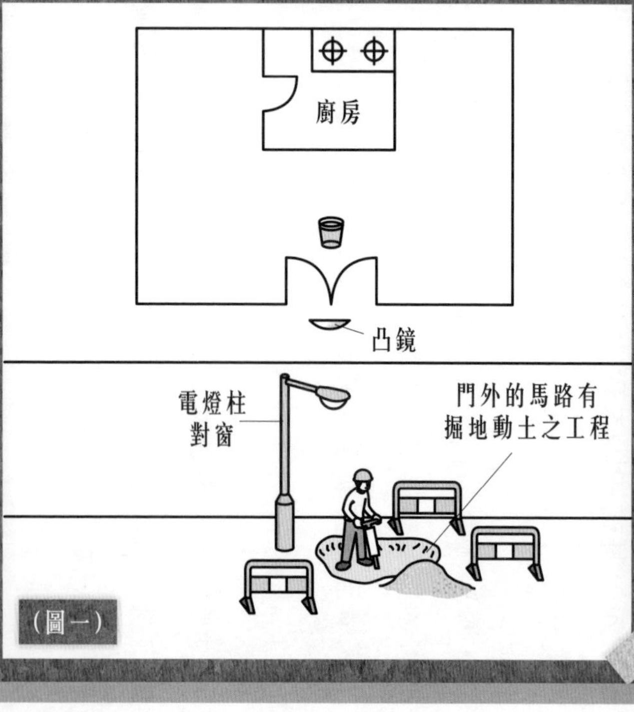

（圖一）

突然死亡，而一個星期後廚房更發生大火。事實上，碰上以上之巧合並不常見，所以各位讀者不用過分擔心。

化解方法是，在對電燈柱的位置放一杯水，或在不對他人有所影響之情況下在門前面放一面凸鏡（即對面不對着其他住屋），即可化解。

十三、窗前對電燈柱之頭

窗前有電燈柱，其影響跟門前對電燈柱之影響一樣，但對着電燈柱的頭便會產生不同的煞氣，因為風水學上有「呼形喝象」之說，即是形象似甚麼，就會產生甚麼影響，在香港，電燈柱的頭就像一條毒蛇的蛇頭一樣，故輕則皮膚痕癢，嚴重則休克昏迷。

筆者在年前到過一客人的家裏看風水，左度右量下皆沒有發現大問題，只發現客人睡牀之上安放了一尖長形的吊燈直插睡牀上，但這樣並不會引起休克昏迷，只會引致腹痛（見圖一）。

最後細心觀察窗外的四周環境時，才發現他的客廳梳化對出窗外之處有一支路燈的頭正向着宅內，好像毒蛇的頭一樣，而他就是坐在梳化位置看電視時曾兩度突然昏迷。

找出問題所在就可以對症下藥了。首先我叫他把睡牀上的尖形吊燈換成緊貼天花的燈，然後再把梳化移離路燈對着之處，而向着路燈處則放一隻鷹狀的擺設，因為鷹是食蛇的，以形象對形象的化解，可說是對症下藥。

自從設置了該風水佈局以後，這客人便沒有再次突然昏迷了。

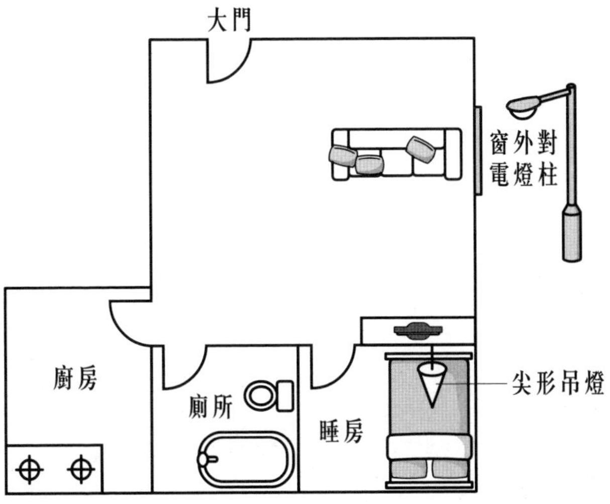

(圖一)

十四、窗外有亂石

窗外如對着清新翠綠的山，不但會令人心曠神怡，而在風水學上，更會令人身體健康，精神倍加，夫妻感情和睦，父母子女皆能相處融洽。

但若窗外山形欠佳，如怪石嶙峋，瘦山無草，或對正山溪之亂石，皆會對人產生不良效應。

如窗外怪石嶙峋，主室中人脾氣古怪，難與人和睦相處（見圖一）。

如窗外山形瘦削，且草木凋零，則主

(圖一)

男性工作辛苦，勞而無功，難有出頭之日；女性易生疾病，尤其腎、膀胱、泌尿系統之毛病，又子女每因難教而易成少年罪犯，且夫妻感情欠佳。

如整個地區山形皆如此，則區內易有色情風化事件發生，如女子易受引誘而成風塵中人，少年易聚眾生事等；亦代表容易鋌而走險，從事偏門等冒險行業。

如遇以上情況，可在窗前放置尖葉植物、凸鏡向窗外或貼反光玻璃紙在窗外，從而把煞氣反射出去。如可以的話，宜及早搬離此區。

如沒有能力搬出此區，亦可以先把煞氣擋住，等待區內人口增多，聚旺人氣，把煞氣壓住，亦是無辦法中之辦法。

十五、住宅不宜眾高獨矮

近年香港出現很多舊區重建的情況，而拆卸舊區重建之時，因種種關係，每每有些舊樓未能拆卸重建，反而兩旁卻蓋起一些高樓大廈，形成眾高獨矮的情況，而這特別矮的房屋，便會成為聚煞之地。

由於獨矮的房屋被兩邊的高樓夾着，故令屋頂上出現長而窄的空間，又陽氣的特性是遇空而竄，因而令屋頂出現陽氣過剩之象。同時陰氣亦從地下傳導，又矮屋傳導陰氣之力必強，而且兩旁之高樓亦成為陰氣之導體，因此令矮屋受陰氣籠罩，從而形成陰陽相鬥之象，使居於屋內的人容易出現精神情緒的問題。

至於解救方法，唯有把屋內的燈光加強，多把窗戶開啓，讓陽氣自由流動，從而使陰陽能夠和合。

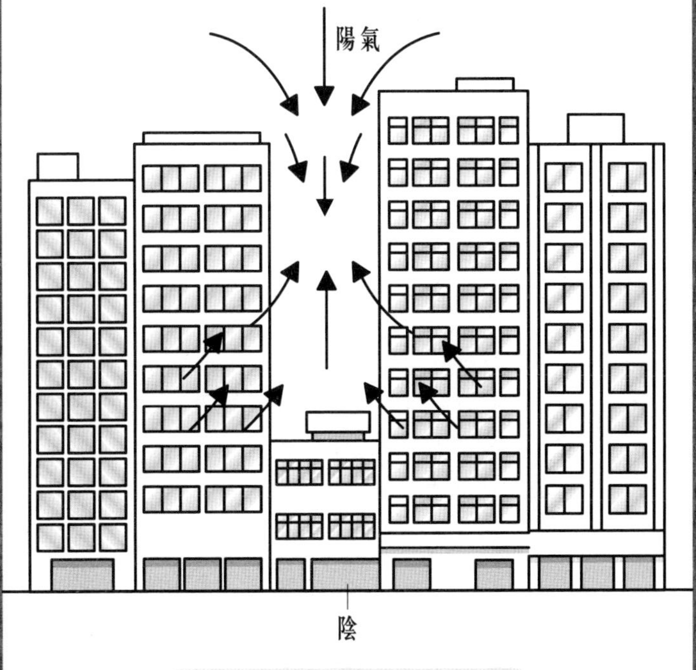

眾高獨矮之屋，陰陽二氣匯聚

十六、住宅不宜眾矮獨高

現代之建築物出現眾矮獨高之情況非常普遍，因為舊區拆掉重建之時間並不一致，以致新建築物很多時都會「鶴立雞群」，聳立於矮舊的建築物群之中。在這種情況下，新建築物會出現陽氣過盛之象。

如果是商業樓宇的話，問題不會太大，因陽氣盛使人長期處於興奮狀態，從而令辦公室內工作的人提高工作效率，下班後卻又因離開建築物而不會再受影響。

但如果「鶴立雞群」的是住宅樓宇的話，則住在裏面的人不論在白天或黑夜都會處於興奮緊張的狀態，無法在家好好休息。倘若長期如此，住在裏面的人最終會因負荷不了而發生不快事件，不是家庭不睦便是意外叢生。

補救的辦法是，家中採用柔和色調及多用昏黃燈光，使室中陰陽調和，從而把陽氣過盛之象化解。

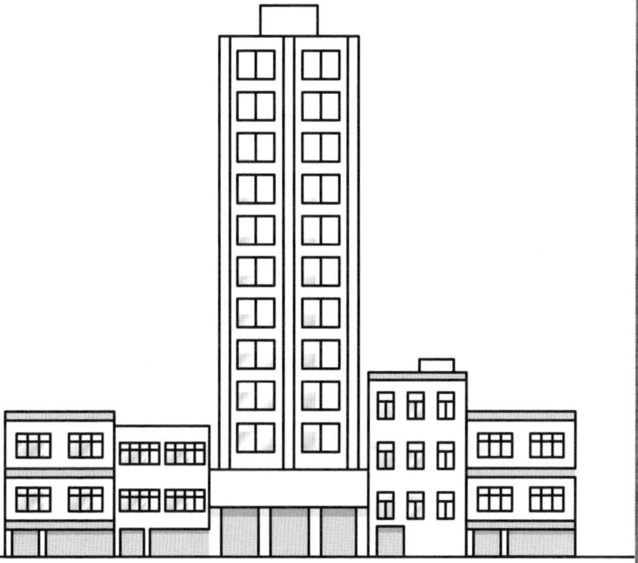

眾矮獨高之屋

十七、商舖不宜過長過窄

商舖如過分窄長的話，便會出現不能進財之象，即使格局本來旺財旺丁亦無所用。因為店舖過長過窄，就會令陽氣不能進入店舖之底部，從而形成陰陽不調和，陰氣過盛之象。

補救辦法是，把長窄的店面改淺一些，而店後則留作辦公室或貨倉之用；又或者用作售賣屬陰性之物品，如作書店及售賣關於宗教性之用品則無大影響。

至於寫字樓或住宅如呈過長過窄之狀，則其影響相對較少，只會出現肺、喉嚨、氣管等呼吸系統之問題。其補救辦法是在屋中較中央的位置放置屏風或高身植物即可化解。

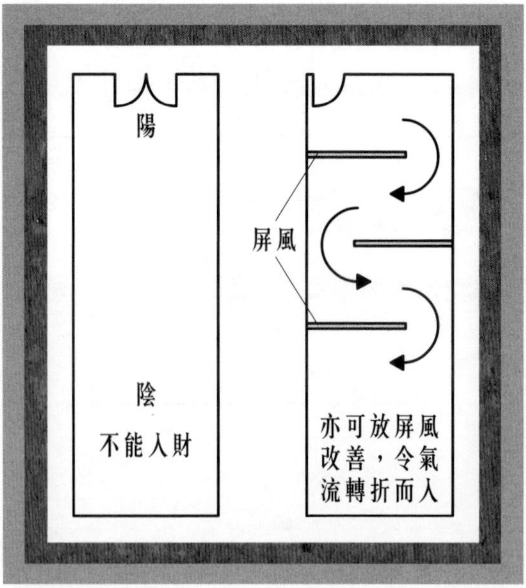

十八、商舖不宜過淺過闊

商舖如出現過淺過闊之象，代表陽氣內進後不能停留在內，這樣便會產生財來財去、不能聚財之結果。

如遇上這種舖面，可從事一些外賣式的行業，使客人停留在店舖門前，聚旺陽氣，如小食、快餐行業等。

又可以在局中底部放一面大鏡，使格局看起來較深，以及有吸財之作用，亦不失為一個補救方法。

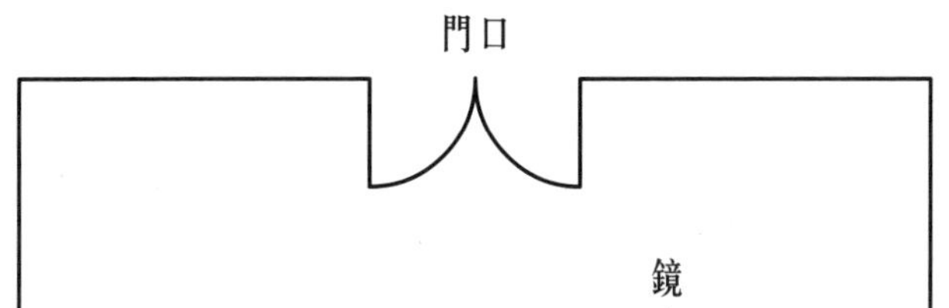

商舖過淺過闊

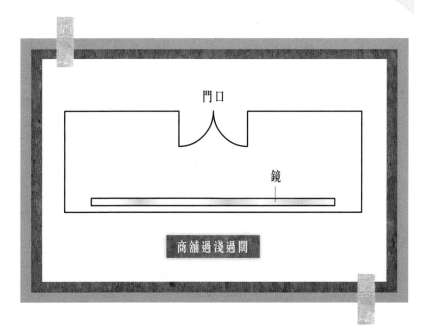

十九、門前不宜正對斜路或向下樓梯

門前正對斜路或向下樓梯，會有漏財之象，不管商鋪或住宅亦然。因門前向下，地下之陰氣便會隨斜路流走，形成漏財之結果。如再加上局中風水配合不佳，更會破財連連，甚至出現人口不安之象。

以前的補救辦法，大多數是把店鋪地台做矮一些，使陰氣倒流，以收聚財之效。而住宅則會在門前廣種矮樹以防財氣漏走。

但因應現代城市結構之轉變，以上的辦法多不能採用，

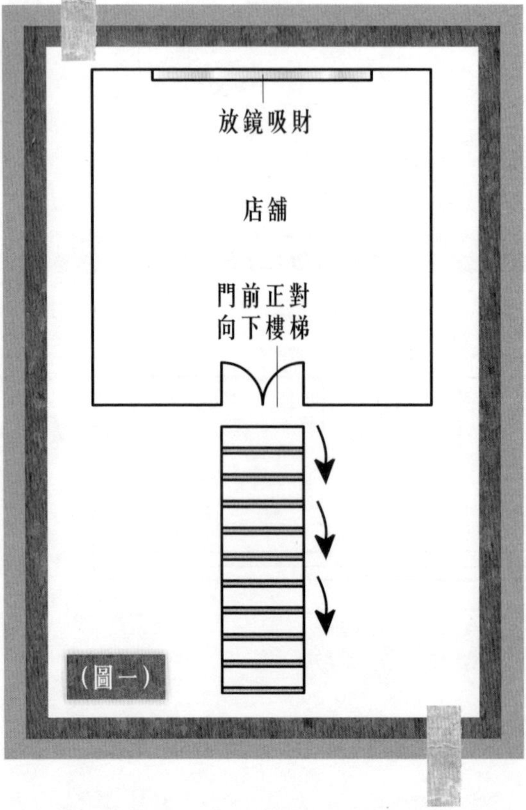

(圖一)

必須另尋他法。

商舖方面，可在店內放置一面大鏡正對大門之外，以收吸財之效（見圖一）。

住宅方面，可在屋內大門對開四、五呎之距離放一面屏風，或放一盆高且多葉的植物以擋財氣漏走（見圖二）。

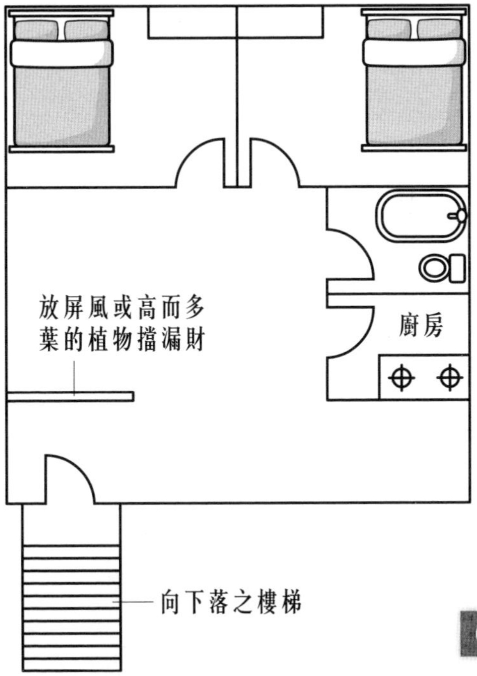

(圖二)

二十、不宜對着大廈之角（雞嘴煞）

住宅或辦公室皆不宜對正外面大廈之尖角，因這樣會產生煞氣沖射，輕則損傷，重則大病。

但並不是有尖角便會產生煞氣，而是要有一定之幅度才會產生煞氣之效果，如室內之牆角、橫樑的角、枱角或窗外普通大廈之角等，便不會形成煞氣。

又尖角形成之幅度愈大則煞氣愈重、愈難化解，又愈貼近尖角則受煞之時間愈快，要愈早化解。

簡單的化煞方法，可用仙人掌等尖葉植物化解，亦可以同時加上反光鏡、反光玻璃紙、小石等物件化解。

但遇上強大的煞氣時最好避之則吉。

大廈尖角——煞氣

二十一、不宜對着大廈與大廈間之罅隙（穿心煞）

對着大廈與大廈之間的罅隙，必然會受其穿過的氣流影響。氣流愈猛，煞氣愈速；罅隙愈長，煞氣愈大，尤其是舊式樓宇，往往多有一條又長又窄之徑巷，而徑巷又會連綿幾條街之長，故形成之煞氣會特別強大（見圖一）。

但凡大型屋苑，成U字形或相對四方之形，看上去之罅隙好像很窄又向着自己的，

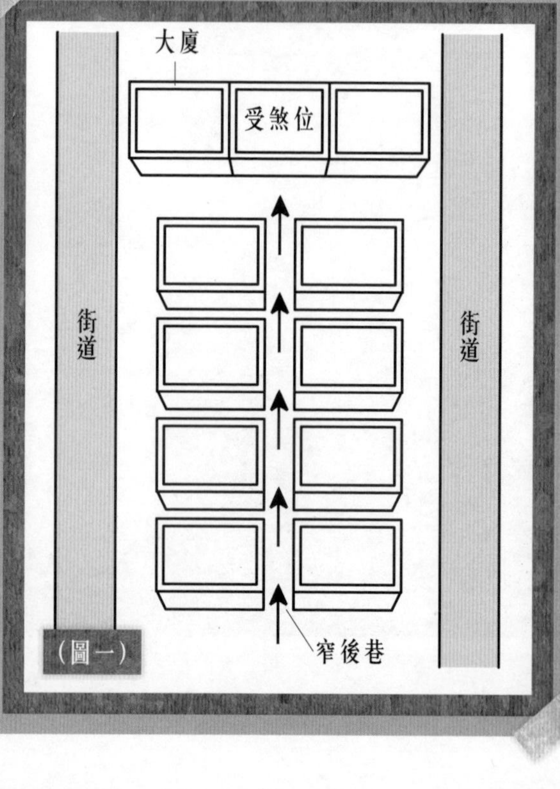

（圖一）

其實並沒有問題，因建築之時每座其實是相對而平衡的，所以他座之屋鋪如正對着你座的屋鋪，並不會形成相沖（見圖二及下頁圖四）。即使相沖，亦因屋苑中央多了明堂，而令煞氣沖來之時被明堂吸納消散，故不會出現問題（見圖三）。

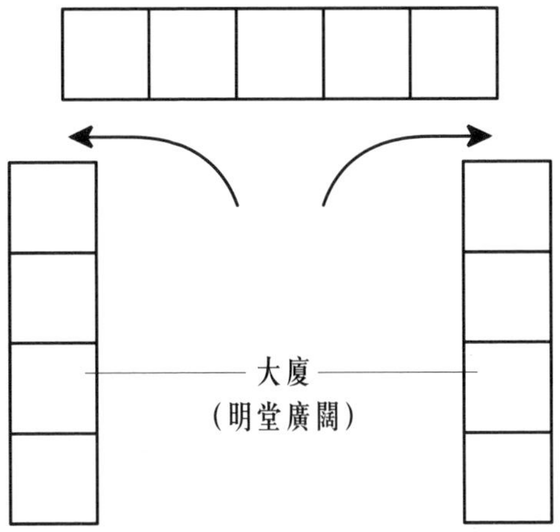

(圖二) 這條鋪是互相對着的，即使有煞氣亦會互相穿透，形成不了氣沖。

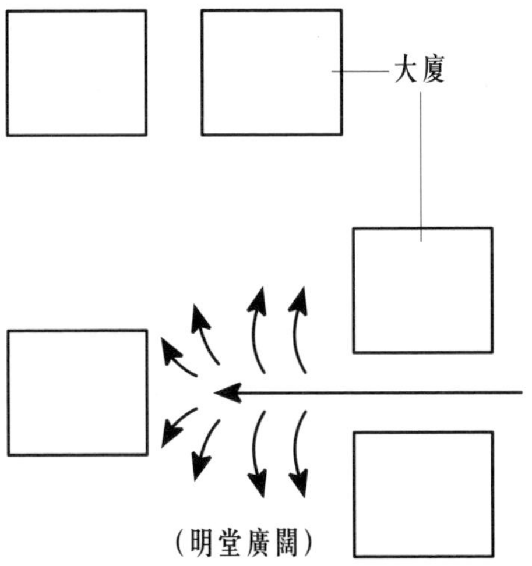

(圖三) 雖然此局鋪隙直對，但因中間明堂廣闊，故煞氣會向四周消散，不會直沖。

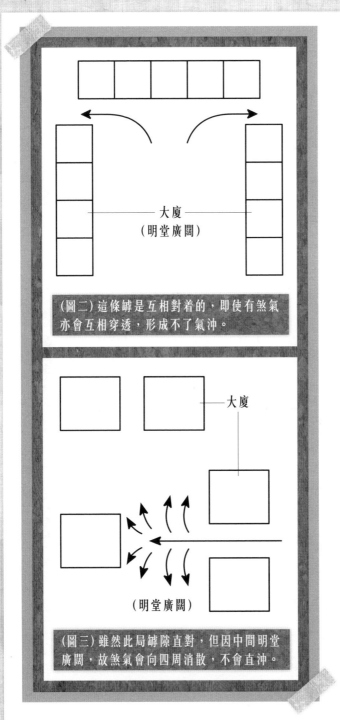

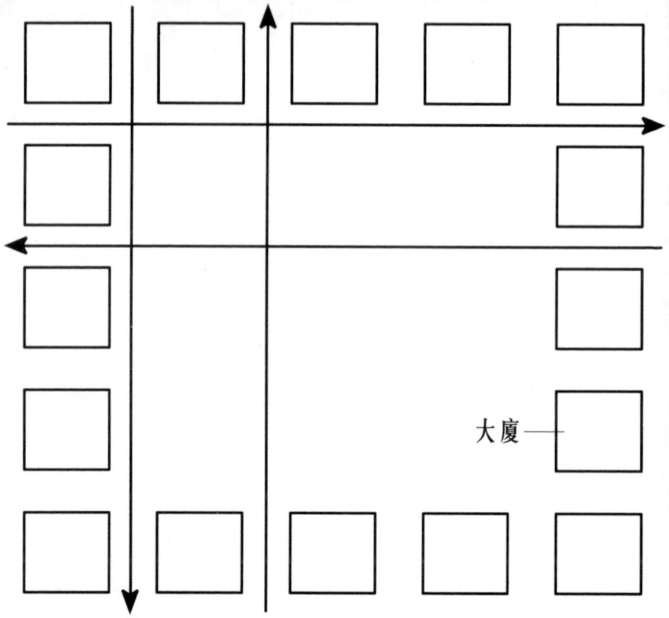

(圖四) 即使屋苑屬舊式之型，座座相對亦不會構成煞氣，原理與圖二一樣。

二十二、住宅商鋪不宜對向警署、消防局、堂、廟宇、軍營的正面等

根據風水學理論，住宅或店鋪皆不宜對向警察局、消防局、廟宇、醫院及軍營等，因恐煞氣太重。若抵擋不住，便會出現人口不和或店鋪倒閉之象。

最明顯的例子，便是自尖沙咀警署搬到彌敦道後，對面的店鋪即相繼倒閉及不斷易手，不知是巧合還是真的煞氣重，總之就是開了又關、關了又開，沒有幾家可以長久。

但話說回來，該警署對面有一家漢堡包

依風水學理論，住宅或店舖都不宜對着消防局、警署、寺廟或教堂。

店，或許是巧合吧，其設計極符合鬥煞的風水原則。首先，他們把店門開得很小，讓煞氣一點一點的進入，但裏面又非常寬敞（見圖一），可以把煞氣吸納，形成一鬥煞、化煞之局，故營業了很多年，到近年才搬遷。但其他店舖卻沒有那麼好運，好像已有廿年歷史的車厘哥大餐廳在警署啓用後不久便倒閉，雖然後來有人頂回來改成快餐店，但仍無法避過「關門大吉」的命運。

（圖一）

及後，整幢建築物更被拆卸改建成今日的玻璃幕牆大廈。以風水角度看來，這玻璃幕牆大廈的風水肯定會較以前好，因為反光玻璃有鬥煞的作用。

除了某漢堡包店外，還有一間牛仔衫褲專賣店是沒有關門的，而且還把隔壁「關門大吉」的店舖要過來擴張業務，不可謂不是一個奇蹟。據我觀察所得，那牛仔褲店的大門看上去像監牢的鐵閘，裏面的試身室又是用鐵板圍成的，可說與對面的警署簡直是「天

消防局

寺廟

作之合」。警署配「監牢」，有相輔相成的作用。我想該老闆大概運氣不錯，剛巧把店舖設計成這樣子。但在擴充之後變回正常格局，則在不到半年後便關門大吉了。

至於對向醫院或消防局，雖然煞氣沒有那麼大，但亦應在對着正門的地方放置一些多葉植物作化解；至於對着廟宇的話，因廟宇有很多人朝拜和煞氣較重，故應找專家勘察，看看用何種方法化解。教堂方面，只是對看一個獨立而豎起的十字架才會出現問題，但亦可以放植物去擋。

教堂

二十三、門前路不宜反向

門前之路不宜反向，如反向即稱之為「反弓路」（見圖一），主家內人口不和睦，各懷鬼胎，勾心鬥角，父子不和，夫妻不睦。

如辦公室遇此情況，則夥計會背着老闆自己謀好處，無心工作，更甚者吃裏扒外，甚至把公司之機密賣予外人。

所以遇上以上情況，如不能馬上遷離該處的話，便應立即化解。

因為是門前路的問題，所以化解方

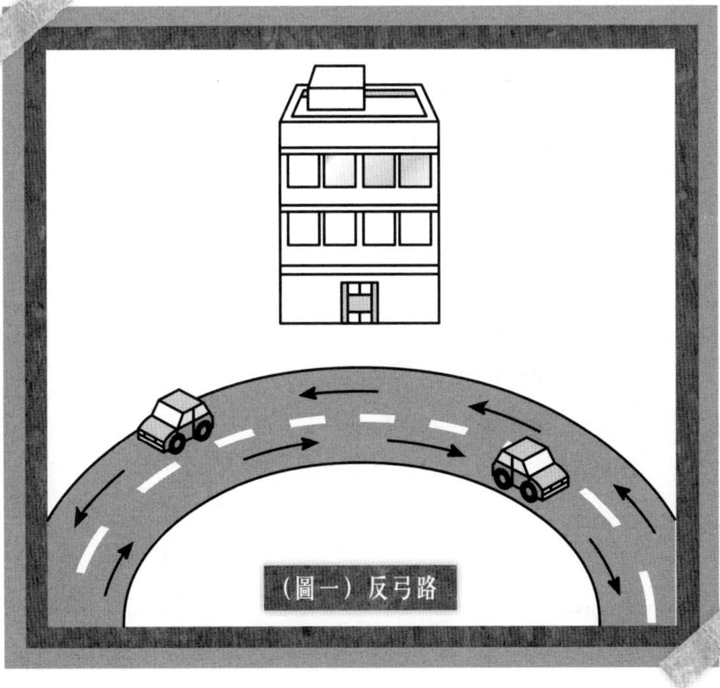

（圖一）反弓路

法較為複雜——可在門前左右放石獅子（見圖二），如許可的話，更可在門外十呎之內種植矮樹（見圖三）。

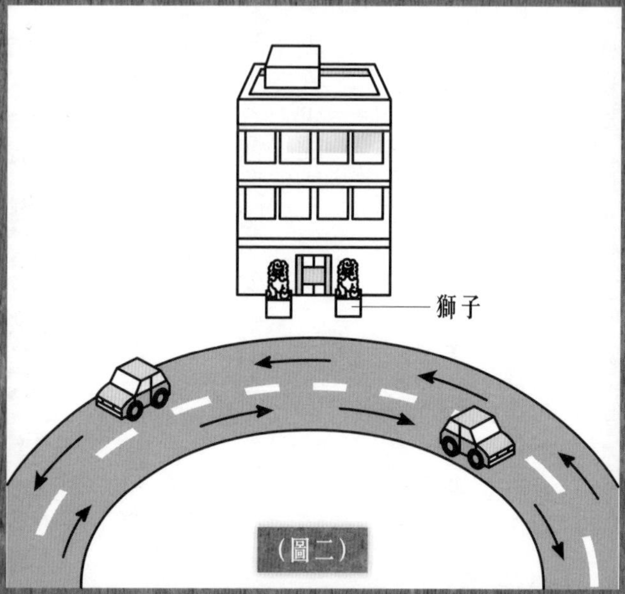

（圖二）

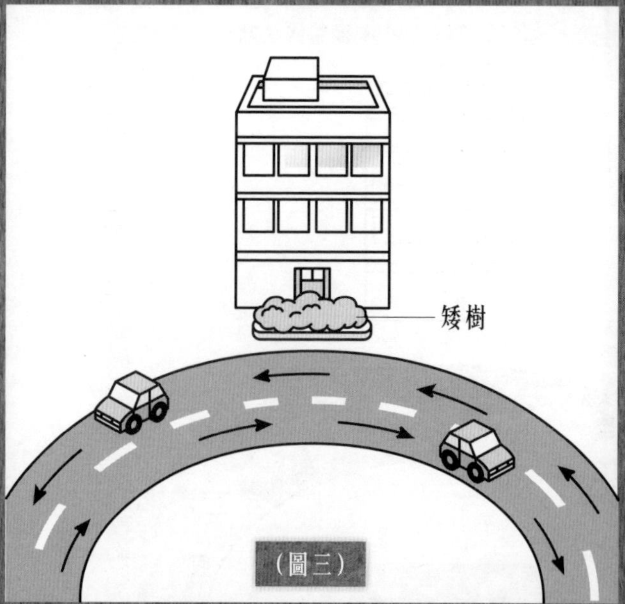

（圖三）

如以上之方法都不能使用的話，最後只可以在屋內放一面大鏡對着門前路（見圖四），以收反作用，使反弓路向我，反為我用，亦可化解。

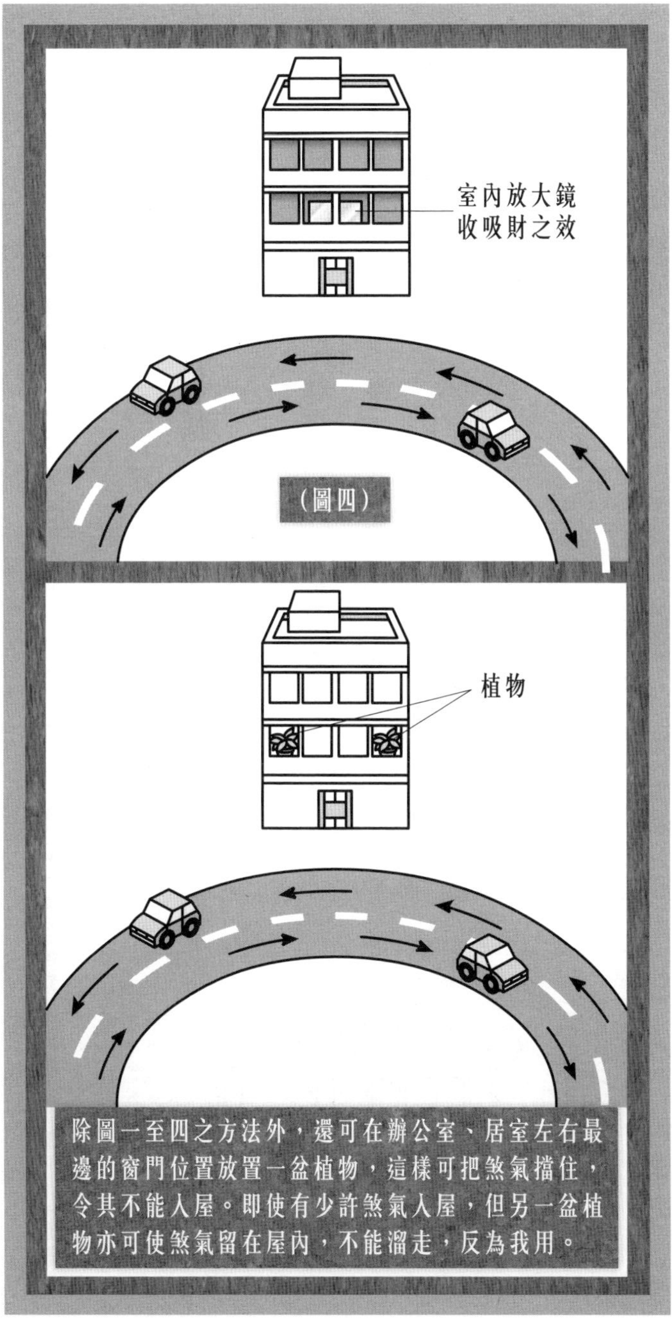

除圖一至四之方法外，還可在辦公室、居室左右最邊的窗門位置放置一盆植物，這樣可把煞氣擋住，令其不能入屋。即使有少許煞氣入屋，但另一盆植物亦可使煞氣留在屋內，不能溜走，反為我用。

二十四、天橋的煞氣

日常生活中，我們經常會接觸到天橋；在風水學上，天橋是一重要的課題，因為天橋橫過的不同形狀，都會引致各種或凶或吉的影響。其中影響最大的，當數弧形天橋。弧形天橋如貼緊在樓宇旁邊，風水學上稱為「鐮刀煞」（見圖一）；距離樓宇較遠的，則稱為「環抱有情」（見圖二）。

若弧形路緊貼樓宇，行車時就會引起衝力，又衝力大則會形成煞氣，令樓宇內的人經常受傷及人事不和。相反如天橋距離樓宇較遠，衝力便會散失且聚於其中，形成藏風聚氣之象，代表合家和睦共處，與大自然的山環水抱有同樣作用。

（圖一）鐮刀煞，易有損傷車禍。

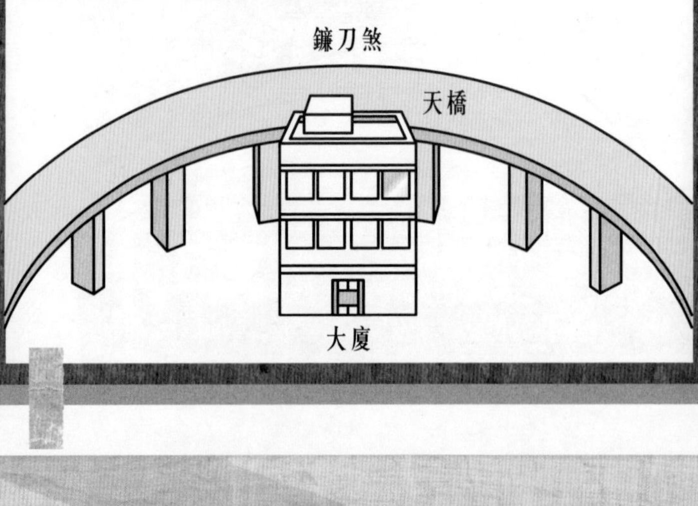

至於「鐮刀煞」的另一面，則無論遠近皆以凶論，稱之為「反弓水」（見圖三），主出無情之輩、下屬背叛老闆、子女不孝等。此外，亦會形成煞氣，令住在裏面的人容易受傷。

（圖二）環抱有情，必有貴人扶助，長輩提攜。

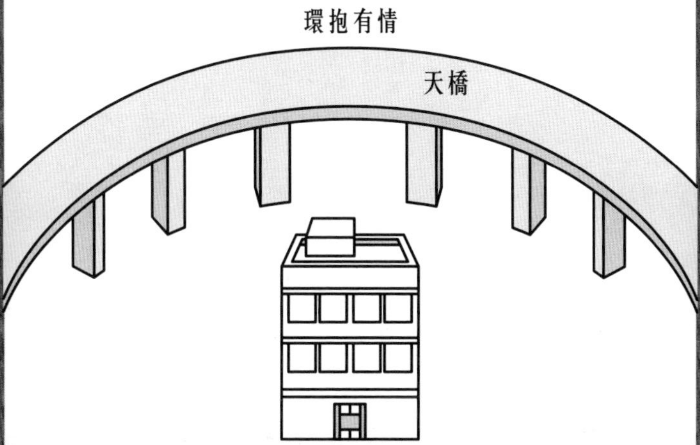

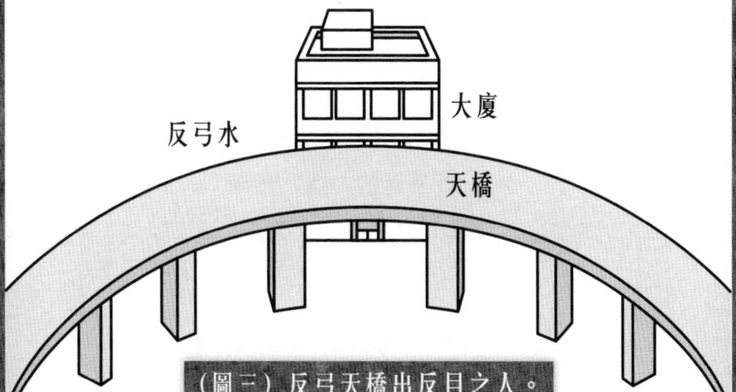

（圖三）反弓天橋出反目之人。

至於直橫過的天橋亦以凶論（見圖四）。因為直橫過的天橋，通常車速較快，所引起的煞氣亦自然較大，且會沖入屋內，並會把屋內的財氣帶走。最有名的直天橋為舊機場隧道連接出尖沙咀的天橋。因為此橋與住宅的距離異常緊迫，故形成的煞氣亦較大，所以住在裏面的人，都會用各種方法化煞、擋煞，例如用反光玻璃紙、放仙人掌或長期把窗子遮蓋等。

又愈貼近天橋橫過的高度則煞氣愈大，愈高影響則愈細。

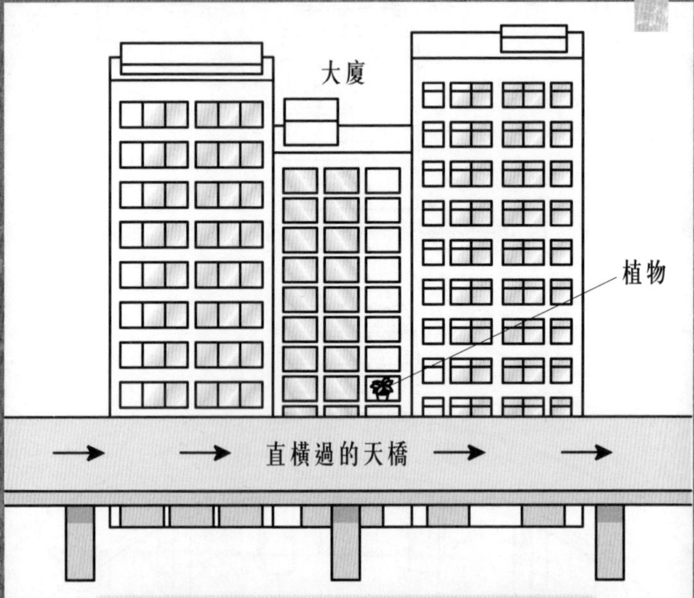

（圖四）直天橋主財來財去，宜放植物去擋。

直沖入屋的天橋（見圖五），煞氣較橫過的天橋更厲害，會經常令屋內的人無故跌傷、胸肺部位常感不適及脾氣暴躁等。

此外，還有一種叫「萬箭穿心」形天橋，多在海底隧道口出現，尤其以灣仔的出入口為甚。

這種天橋錯綜複雜，形成煞氣亂竄。化解之法，可在窗口多種植物或用凸鏡或貼反光玻璃紙去擋。

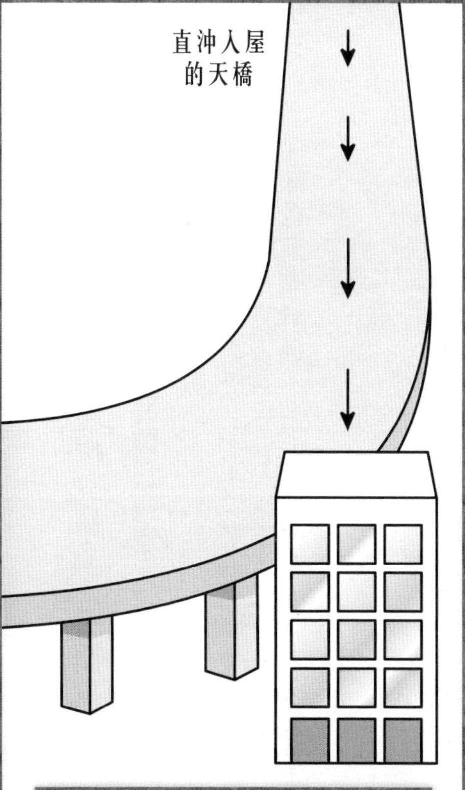

(圖五) 天橋直沖煞氣大，主人口不安，宜在窗旁放凸鏡及植物去擋。

二十五、在天橋底下的商舖

天橋底下大多為陰地，因為受天橋之阻隔，氣流及陽光所到之時間較少，以致陰氣較重。所以，在天橋底下之店鋪，只適宜從事一些較冷門之行業（見彩圖十三）。

最有名的可算是舊機場、近紅磡、土瓜灣之路段，這段路之天橋不但與民居非常貼近，更令位於其下方的店鋪被這天橋籠罩而成陰地，所以此處的店鋪大多是家具店、廚櫃店、窗簾及室內設計公司等。

又如灣仔鵝頸橋下的店鋪，亦大多從事特別行業，如賣特別食物，而食肆亦頗為有名。但在橋底從事正常大路之行業，如時裝店、鞋店等行業便不太適宜，大多會關門大吉。

又筆者以前在廟街擺檔時，檔口亦剛好在天橋底下，且生意亦相當不錯，以筆者當年的年紀，有人「幫襯」已經算是奇蹟。

此乃天橋底下之店舖。筆者當年的檔口，就是在天橋底下了。

二十六、割腳水

割腳水即水靠近住屋，而住屋受水之壓逼，便會使陰陽二氣皆聚於屋中，因而產生煞氣。其最明顯的影響是情緒不定，思想不能集中，易生意外及財來財去。但需注意的是割腳水一定要逼近居室，而且水深而直，才稱之為「割腳水」（見圖一）。所以在海灘旁的平房，不會受割腳水之影響。

至於現代之高樓大廈受割腳水之影響亦不大，最多財來財去，但亦

（圖一）深水割腳

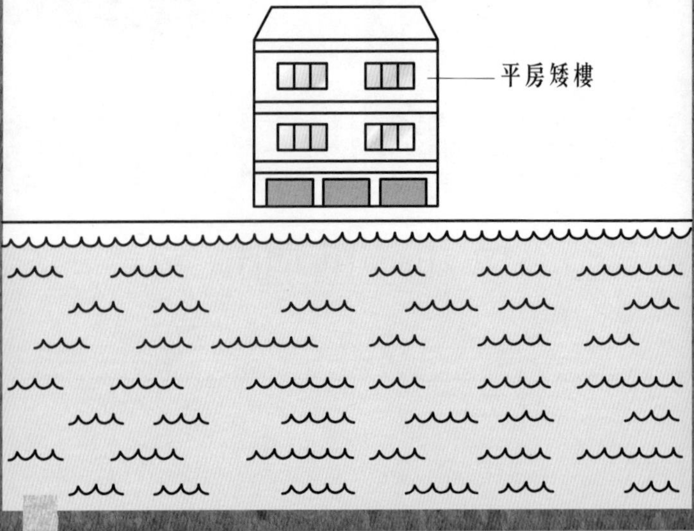

是先來後去。如果是商業樓宇則不凶反吉，作財來就我論，必發大財（見圖二）。

註：但不論何種情況，在一九八四至二○○三年，水在東面為利財，水在西面為破財；二○○四至二○二三年，水在西南則利財，水在東北則破財。

（圖二）財來就我

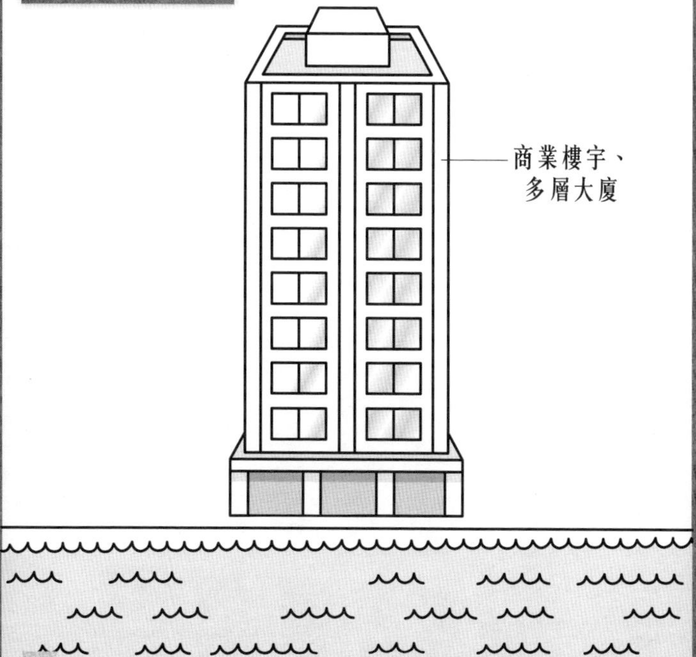

二十七、住宅近學校可作吉論

因學校為學習之地，並為年青人聚集之地，生氣特旺，所以作吉論。尤其是本身身體較弱者，則更為有利。但需注意其所發出之聲浪會否令人有不安之感覺，因每一個人之感覺都不一樣，所以會有不同之影響。如音樂一樣，有人認為是噪音，有人卻認為悅耳無比。但總的來說，此乃吉多凶少。

又學校的蓋成之型，與一張寫字枱相像，故住宅單位剛好居於其上，可用作案台，必有利考試及升官。若單位高於學校，剛好似做官的案台，亦似官印，故利升官（見圖一）。

學校

(圖一) 單位高於學校，既似做官的案台，亦似官印，故利升官。

二十八、對着尖形建築物，如為電塔則更凶

尖形屬火帶火煞，而電塔則尖形加上有電，故當兩種煞氣聚在一起時，難免凶上加凶，但亦要注意距離遠近。如在數十丈之外則為遠，又其所受之煞氣較弱，故易於化解，甚至能化作文昌用。

筆者在多年以前，曾經看過荔園遊樂場後面的一個住宅單位，它面對五座電塔，不知如何是好（見圖一）。

最後，我用盡一切化煞辦法，才把五座電塔化為文昌，收為己用。而且這客戶亦正在修讀建築學，則效果更為明顯。

後來得知他考到了文憑，聽說成績還不差。

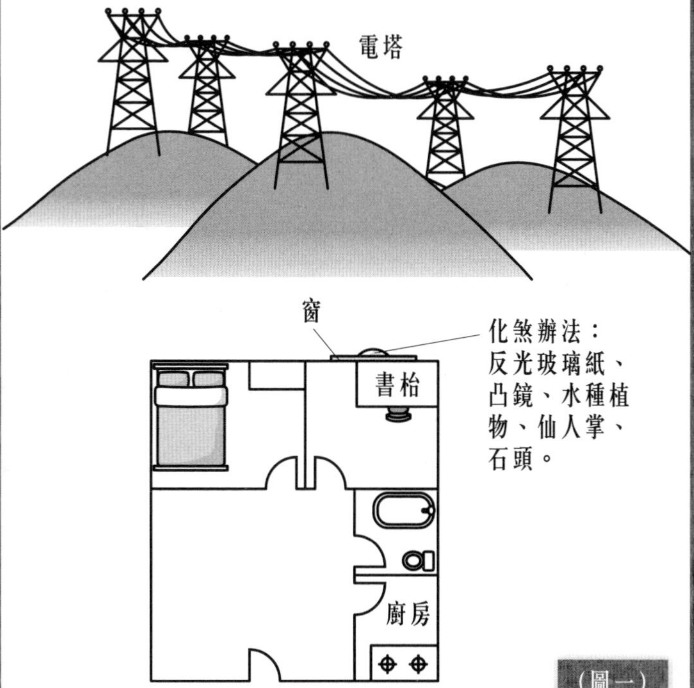

(圖一)

二十九、住屋附近有山墳

其實住屋附近有墳墓是常見的，所以不用大驚小怪。住屋附近之山墳在風水學上皆以山之位置、山形之好壞來判斷其吉凶。一般來説，七運（一九八四至二〇〇三年）西面有山墳則人丁有利，東面有山墳則人口不安。八運即以東北有山為佳，西南為凶，而其他位置的影響則較少。

山形方面，如為普通獨立式的山墳，則山勢肥胖、草木茂盛為吉論；山勢嵾嵯，草木凋零為凶論。

整齊墳場

至於公眾墳場式之山墳，則以流水看，因為其形狀是一級一級向下，狀似流水。如流水向我則有情，流水背我（反弓）則無情。

又有年代較久遠之墳場，其規劃不及現代墳場般整齊，東一面，西一面，這種墳場亦為凶論。

綜合上述幾個方面，如得出有壞影響則要佈局化解，最簡單的方法是用植物去擋，又用三棵或四棵植物為佳。要注意的是每一個獨立空間皆要佈局，如房間及客飯廳皆看見墳場則兩處都要放植物化解。

三十、住在天橋底下

因為香港之居住環境比較特殊，所以有些住宅單位比天橋更低，形成居室在天橋之下的情況。天橋下之居室的陽光照射時間一般都不長，而空氣中的陽氣亦不能入內，加上地上之陰氣積聚，結果產生陰陽不調和之效果。

居住在這種環境的人，極容易生病，尤其是老人及婦孺，而年輕男人亦會人緣不佳，無貴人扶助，以致找工作亦較困難。補救辦法是把室內光線提高，並用較淺之顏色粉飾居室及改用室內空氣調節系統，從而加強陽氣而達致陰陽調和。

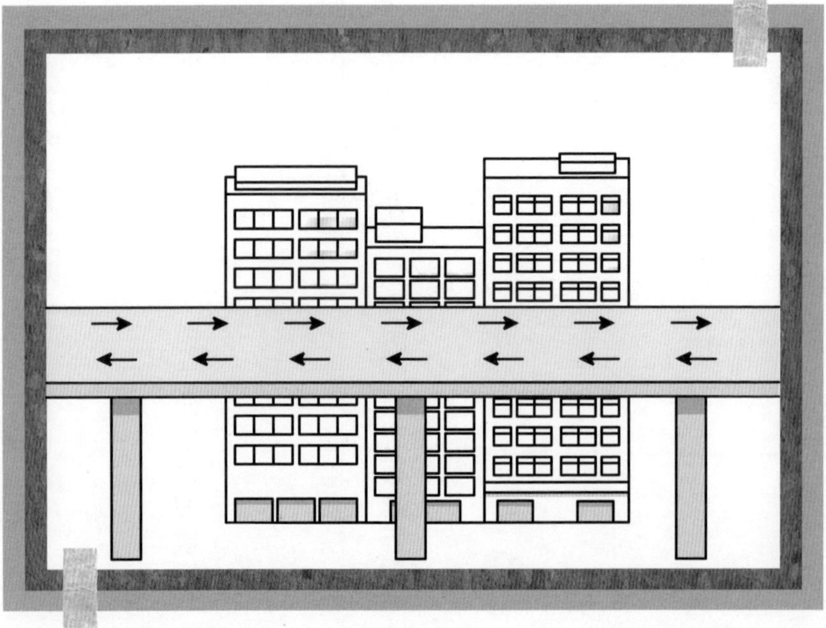

三十一、住在崛頭巷或崛頭路

住宅在崛頭巷及崛頭路皆稱之為「陰地」。所謂「孤陰不生，獨陽不長」，而崛頭巷為聚陰之地方，陽氣流動較慢，所以較為適合老人或女人居住，因為老人屬陰，少年屬陽；男性屬陽，而女性屬陰，故如屬陰之人住陰地即有地利上的幫助。但要注意的是，如果未婚女性住在陰地是不容易交到男朋友的。如男性住在陰地會缺乏幹勁，長久性格會變得無主見，拖泥帶水，難幹大事。反之，如果性格陰柔之男性住在陰地，則有地運之助，反而事業容易得到成功，但始終不利身體、情緒。

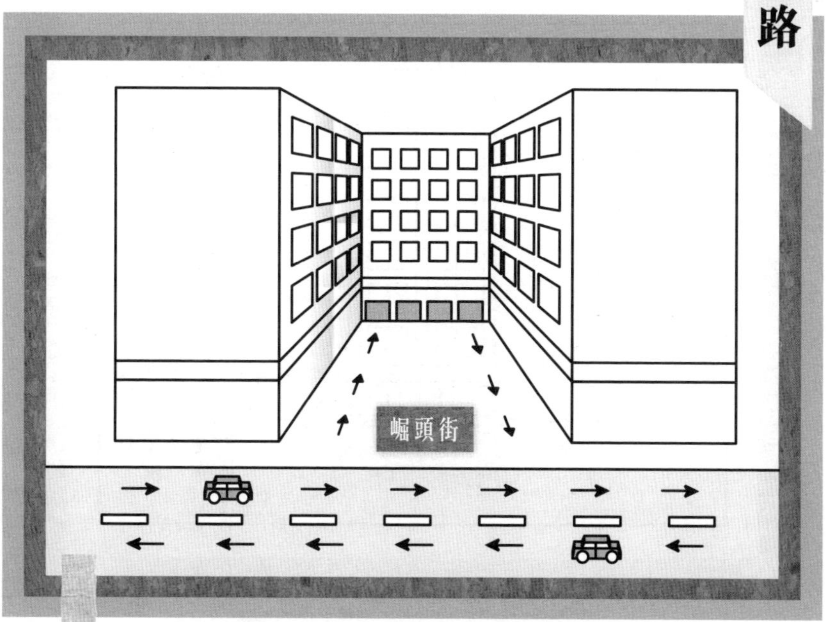

三十二、住宅在低窪地帶

住宅在低窪地帶，其產生的效果與住在陰地相同，因凸出為陽，凹下為陰，所以住在低窪地帶之夫婦大多不甚和睦，夫運不佳。筆者有相當多客人因住在低窪地帶而夫妻離婚，事業不振，甚至破產收場。

如住在低窪地帶而又無法搬走的話，其補救辦法是日間把窗戶打開，讓陽光照入屋內，而屋內則要保持光亮，尤其是在門前及門內之玄關位置，最好有燈長開，使陽氣增強。

（圖一）後花園放假山催旺人丁

筆者就曾經為客人看過一間住宅，這住宅雖然是多層式之建築物，但是這單位採地下連花園之設計，而這區剛好是凹下去的，所以這單位正正在陰地之底部，所以陰氣極重。據我的客人說，這單位的上手業主是個離婚女人。單位是她離婚前住的，離婚後，她把她丈夫趕走，把單位賣掉。

剛好我的客人是三姊妹及她們已退休的父母，所以陰地對她們無礙，但是仍要擔心她們嫁不出去，所以要設置佈局——叫她們在後花園之正中放一座假山水催旺人丁。據說後來有一個已嫁出去，而其餘兩個亦已搬離此屋。

三十三、住在殯儀館旁邊

住在殯儀館旁邊，亦會受陰氣影響，因為殯儀館是去世的人出殯的地方，裏面聚集世間一切哀愁、悲痛，故會形成一股帶負性之氣，令人情緒低落、無衝勁，甚至常常生病。除了本身有宗教信仰或看透世情的人不受影響外，其餘不論男女皆有負面影響。

補救辦法是多開窗戶，讓陽光照射入屋，增加陽氣在屋內的逗留時間，以使陰陽調和。

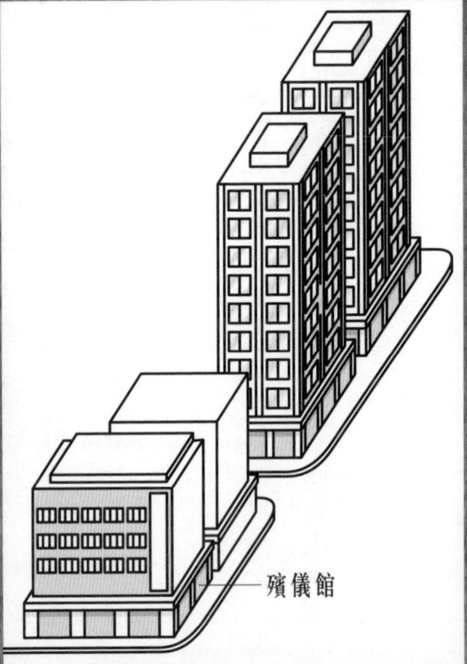

看見殯儀館是沒有問題的，要正對着才會出現以上情況，故勿疑心生暗鬼。

第三章 宅內形勢

進入一間屋內首先要察看窗外之情況，然後才觀察屋內格局之吉凶。再把大門方向之吉凶結合，才能作出判斷。

一、首看窗外景物

關於宅外形勢，上一章已詳細解釋過。故由本章起，將講述關於宅內之看法，例如怎樣安牀作灶、如何擺設家具等。

我們入屋第一件事，通常是看看窗外的情形到底如何。

如見山，便首先要定出此山的方向。七運時倘山在西面則對人丁有利，如在東面則損傷人口，因為七運要西面為山，東面為水，才可發揮旺財旺丁的作用；至八運時，東北有山則利人丁，西南有水則利財，反則不利，餘此類推。之後，又要察看山的形狀，究竟向我背我、有情無情、山勢渾圓有力或是怪石嶙峋等。

如見水，首先要看水的位置，其次是嗅一嗅水的氣味；如見海則又要看水口有無遮攔等（水中有小島為有遮攔，大海茫茫，一望無際則為無遮攔，有遮攔則能聚財，否則財來又去）。

如果宅在市中心不見水的地方，則要察看有否對着別人的屋角（雞嘴煞），或屋與屋之間的隙縫（穿心煞）等，如有，可用仙人掌或多葉的植物擋煞。

此外，我們亦不宜忽略窗外的天線、衣架及八卦鏡等東西。因為如有天線對着自己的窗口，尤其是魚骨天線，就等於風水的三叉，會影響人的身體健康，令人精神不振，無法集中。嚴重者，更會易見刀傷，且會導致小孩學業不佳，大人工作情緒不穩定等。倘若天線是「鑊」形，則影響更大。

另如八卦鏡直對窗口，則宅中人會常常頭痛、反胃、嘔吐及精神不佳。

此外，尚要注意的是曬衫竹（見下頁圖一）。因為曬衫竹一枝一枝對着窗口，會形成強大的煞氣。如遇上此情形，我們切記不要與人鬥煞，因為鬥煞則必有損傷，故我們宜用遮或擋的辦法應付，如此便可人口平安。

記得以前有位風水大師，最喜歡用鏡對着窗外，從而把窗外之氣納入屋內，以起收山納水的作用。但是他向來不管窗外情況，甚至有次某宅窗外對着一排曬衫竹亦照用此法，於是便把內衣褲、衣服及曬衫竹等一併「收」入屋內，引致屋內人口常生怪病，屢醫無效，最後把鏡拆除才恢復正常。

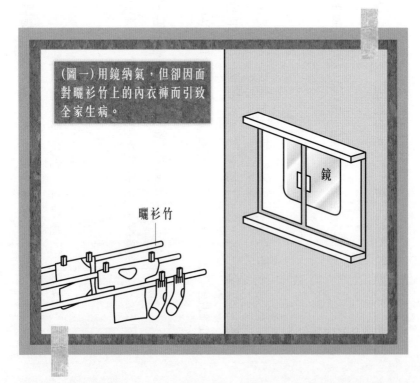

(圖一)用鏡納氣，但卻因面對曬衫竹上的內衣褲而引致全家生病。

二、面對別人之屋頂

窗外面對別人之屋頂有時亦以凶論，因對着別人之屋頂，如方向平行則似鍘刀（見圖一），如方向不平行亦要察看別人屋角是否向我沖射，如是，兩者皆以凶論，會令居住在裏面的人易受損傷，而嚴重者更會動手術。

此種煞氣在鄉郊地區是很常見的，所以不可不加以提防。

又更具煞氣者，是舊式鄉

(圖一)對着別人大廈屋頂會形成煞氣，好像一把刀圍過來一樣。

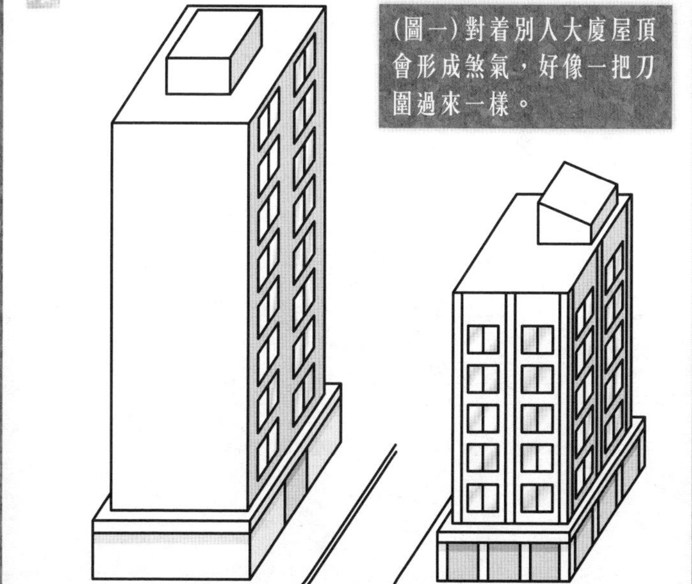

村屋狀似牛角之屋頂（見圖二及彩圖十五）。

如果對着這種屋頂，就會好像有一隻牛正在衝過來一樣，煞氣更猛更重，更有必要化解。

化解之時可用凸鏡、反光玻璃紙、仙人掌等放於對向尖角之位置。

（圖二）牛角屋頂

三、室中禁忌

住宅切忌宅大門小或宅小門大，因為宅大門小會導致納氣不足，不能入財；宅小門大則不能藏風聚氣，即使有財亦會快發快衰。

宅大門小

宅大門小之宅入氣不夠多，會減慢進財之速度。而從外觀上看，宅大門小亦嫌氣派不夠，不能突顯宅主人的身分（見圖一）。宅大門小大多出現於舊區內，因人們居住於舊區久了，便會有感

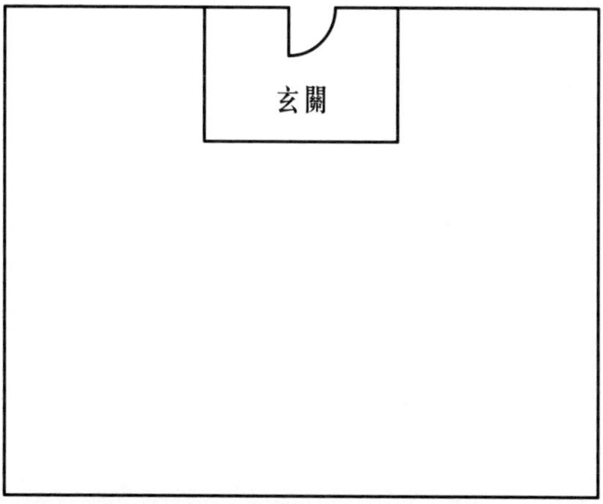

(圖一)宅大門小入氣慢，會影響進財，唯有把室內玄關擴闊，使其財入快些。

情，故即使家中成員多了或環境改善了，想轉換一個較大的居室，亦會因不捨而不想遷離原址。如碰巧旁邊或樓上樓下的單位賣出，他們便會買回來而與原來的住宅打通，成了一個較大的居室。但大門往往卻因種種原因而不能加大，因而形成了宅大門小之情況。

唯一能改善納氣的辦法是，把屋內玄關位擴闊，使其入氣時吸納快些，從而改善宅大門小的壞處。

宅小門大

宅小門大，多出現於一些假豪宅。現在很多住宅單位，都會安裝兩隻一大一小的門，使其從外面看來，居室面積好像很大（見圖二），亦有些政府屋邨之四五百呎單位，把門開到很大，形成宅小門大的情況。

由於宅小門大不能聚氣，因此亦不能聚財，但解救辦法較為簡單，只要把細門永久關着，便可解決宅小門大的問題。而且此細門在入伙之後亦很少會大開，所以宅小門大的問題並不嚴重。除非閣下居宅細細，開一個不成比例的大門，才會有漏財問題。

住宅有凹角

另外，住宅不宜有凹角，但住宅有凹角卻不一定作凶論。因為現代樓宇結構複雜，凹角常會出現，如凹角剛好是財位方，則此宅不能聚財；如凹角為桃花位，則此宅的男女婚嫁之事會常出問題，臨門一腳亦有可能取消婚禮，最後甚至連桃花也不出現；如果凹角是凶位方，則反而上上大吉。

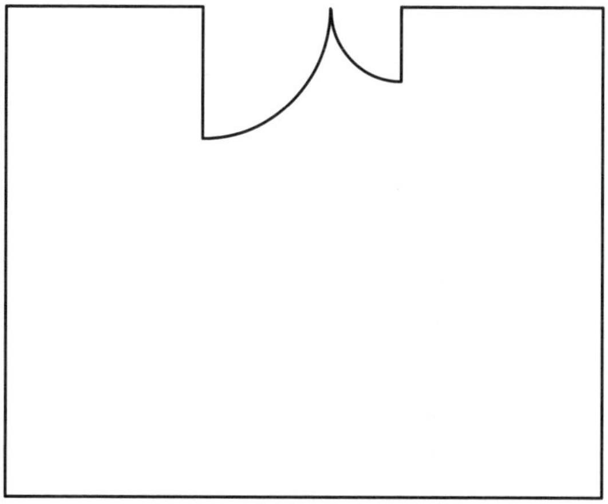

（圖二）幾百呎居室開兩隻門

住宅商舖呈三角形

住宅不宜呈三角形，無論前尖後闊或前闊後尖，皆對丁財不利。三角形之住宅比較少見，但三角形之店鋪則較常見，尤其是前闊後尖之局。倘遇上述情況，可以把後面之角位間平作雜物室之用，即可改善以上之缺點。

大門對窗

大門不宜正對着窗（見圖三），因為即便是旺財旺丁之宅，亦會出現漏財之象。由於財從大門入，所以要是無遮無擋的話，便會從窗漏走。尤其是現代的鑽石形住宅，設計必然是大門對着窗門，如遇此情況，可以在門與窗中間放一面屏風或多葉植物，以免漏財。但這並不嚴重的風水問題，大門對窗筆者近年已經不作化解了。

同時，大門亦不宜對着房門再對着窗（見圖四），因為大門對房門已成氣沖之象，如再對着窗的話沖氣便會更強，導致漏財欠佳。補救辦法是把房門的位置更改，如無法改動則可以在大門至窗當中的位置，用屏風及多葉植物遮擋。

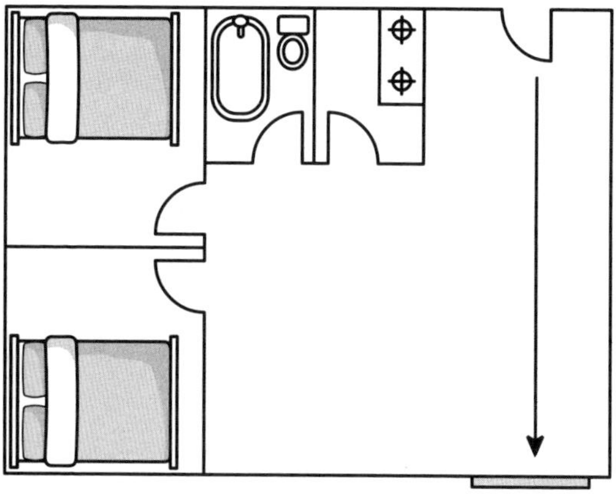

（圖三）

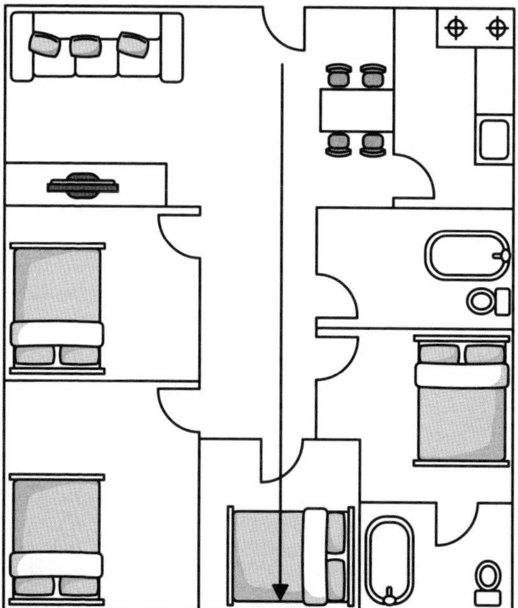

（圖四）

但筆者現在多數不會化解以上問題，因家宅風水旺財的話，根本不會介意漏財。正所謂賺得來，花得去，最怕者是不能入財，或流年飛星大門漏財。

尚有一種前後直通的情況更凶，惟這種房屋在香港比較少見，在美國、加拿大等則較常見。因為美加平房區較多，且區內有很多小街，有時剛好會門前門後均為街道，再加上當地房屋很多是前門通後門的，根本毫無阻隔。事實上，這種格局所形成的煞氣最強，因它會穿屋而過，故會嚴重影響屋內之人口健康。筆者在加拿大時就曾遇過這樣的房屋，現略述如下：

屋的前門為丁字路（即門前有路橫過及直穿）（見圖五），進門後右邊有一排樓梯上二樓，二樓有一房間，方向與大門方向相沖；面對房門是一排窗，再加上窗外為一丁字路，剛好與前門的丁字路成直穿之狀像死亡十字一樣，結果形成強大的沖力，引致住在這房間的一個女孩離奇死亡，故遇上這種煞氣不得不防。

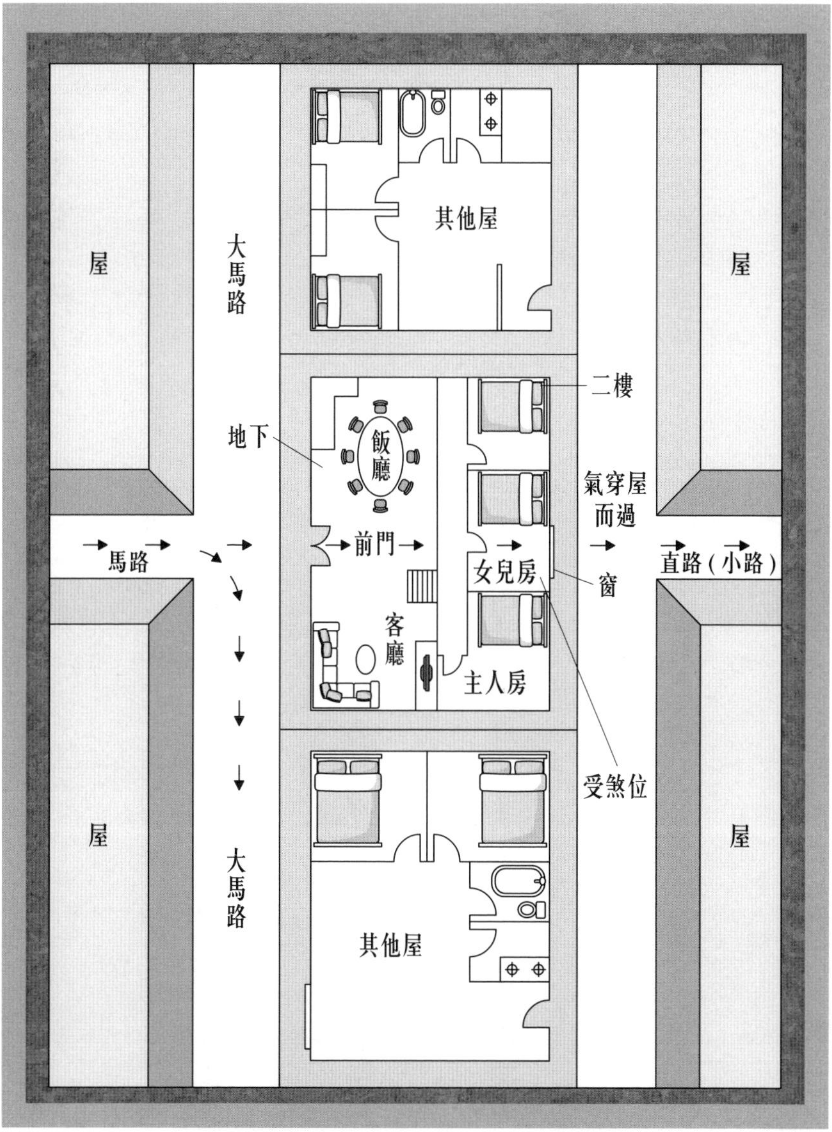

(圖五) 大門直沖二樓房門，再沖出窗。

四、不宜宅大人少

宅大人少主要是講鄉郊地區，因鄉郊地區多為平房式建築，離地面較近，陰氣較重，故如住宅過大而人口過少，則陽氣不夠，容易聚陰，致使陰氣過重，令住在裏面的人容易情緒低落、自閉、難與人溝通。

補救辦法是把室內燈光調高，多用白色燈光，多種植物，使其能調節陰陽，使陰陽趨向平衡。

但在城市便沒有宅大人少這個問題，因城市人口眾多，陽氣本重，即使宅大人少亦不會出現孤陰的情況。

五、不宜宅小人多

宅小人多主要是講城市之宅，因為城市陽氣本重，如宅小人多，則增加其陽氣，形成陽重陰輕之象。居住在裏面的人容易缺乏忍耐力，脾氣暴躁，人際關係不好，常有爭吵打架之事。

補救辦法是把室內燈光調至柔和，多用黃色燈光，多開窗戶，使空氣流動，使陰陽達到平衡。

但在鄉郊地方便沒有這種問題，因鄉郊屬陰，如人口眾多反有陰陽調和之象。

六、宅形不宜呈三角形

宅形呈三角，不論前尖後闊或前闊後尖皆為不佳。因前尖後闊入氣不夠，難入大財；前闊後尖則氣不能聚，不能聚財。而且風水會把屋內吉凶位置分為九份，又三角形住宅所缺少的位置必多。如缺少財位則不能聚財；如缺少桃花位，則人緣不佳，婚嫁無期。

店鋪呈三角形如前尖後闊（見圖一），宜把門拉後一點，使其呈菱形之狀。只要陽氣進入較佳，財運便會有所改善。

(圖一)店舖前尖後闊

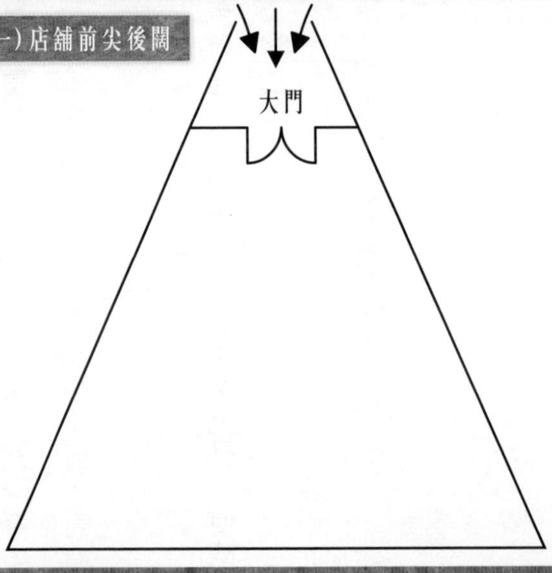

如店鋪前闊後尖（見圖二），則應把後面尖角間平，用以做貨倉或寫字樓之用，使格局平穩，亦可收財聚財。

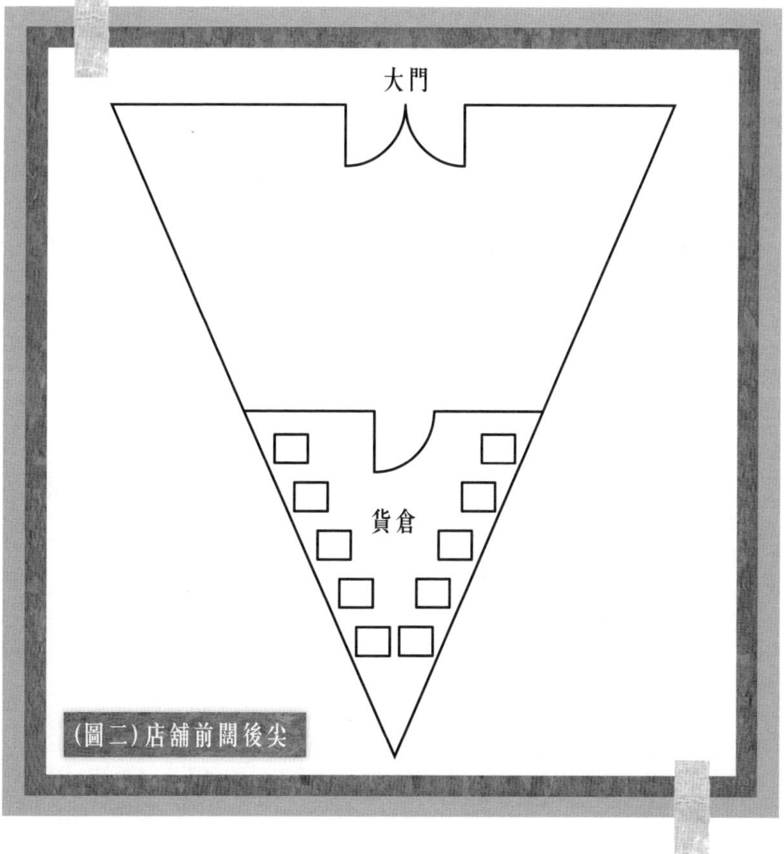

(圖二)店舖前闊後尖

七、屋內缺角

其實屋內缺角，並不能判斷為凶。因為現代建築物中缺角之情況甚為普遍，如缺角論凶亦與事實不符。但是缺角代表屋內缺少了一些部分，如果所缺部分是凶位則吉，如缺少了財位、桃花位則不佳。

住宅有凹角

古代之風水理論皆謂住宅缺角為凶象。如缺西北乾方，會不利老父及肺、骨、喉嚨、氣管；缺西南坤方，則不利主母及腹部、腸胃等。然而，這卻沒有經過詳細統計，只流於理論階段。因古代舊式的房子，都是四方或長方形的，皆不會出現缺角，因蓋房子時缺一個角根本沒有需要，而且亦較起四方或長方形之屋宅為困難，故此不會有人這樣做。由此可知，以上說法只是風水師推想缺角會因缺甚麼方位而可能會影響家中哪一個家庭成員或哪一個部位的健康而已。

至近代，缺角的屋宅開始多起來，如鑽石形、三角形、菱形、L形等多不勝數，但大多數風水師傅人云亦云，只視古代之理論為金科玉律，不會作出懷疑，更遑論作出研究，所以現代很多風水著作皆把缺角定為凶論，寫於書內。

其實這是很容易求證的，因現代化大廈的居室較多。一個單位缺角，上下層之單位皆缺角。如缺乾角，可統計大廈此單位之居室是否老父都體弱多病或早亡，又家中成員是否都有頭、骨、肺系統毛病便可印證。其實經筆者多年印證，已知這個理論並不正確。故缺角並不一定以凶論，除了缺財位代表不聚財，缺桃花位代表人緣無幫助亦難有桃花外，缺少其他方位根本無大問題。

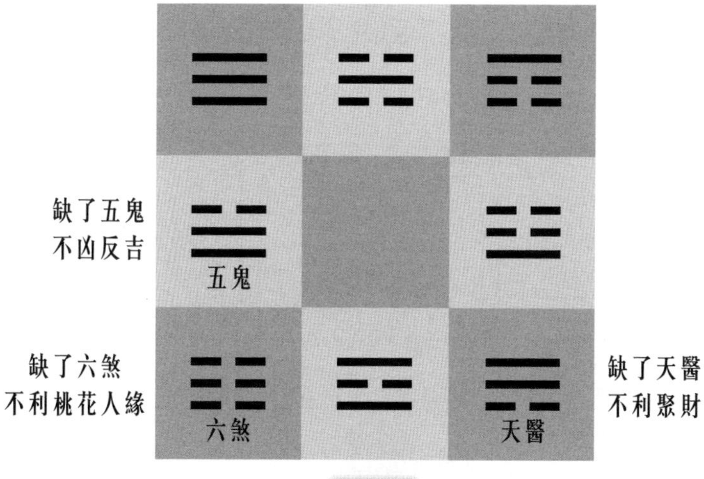

離宅

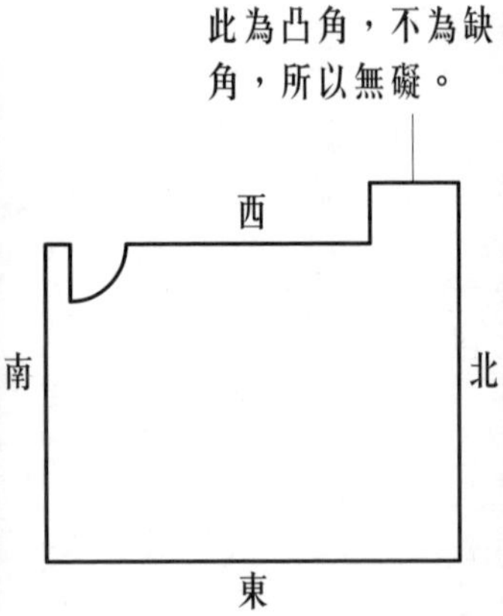

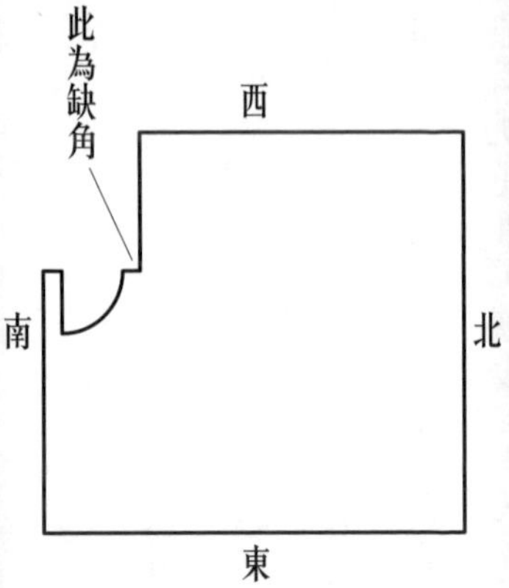

此缺角為西南方，西南方為坤卦，坤代表母親，如缺角則代表此宅之母親身體不佳，但此法只宜作為參考。又此坤角在此宅為普通位，並非財位、桃花位，所以並無問題。

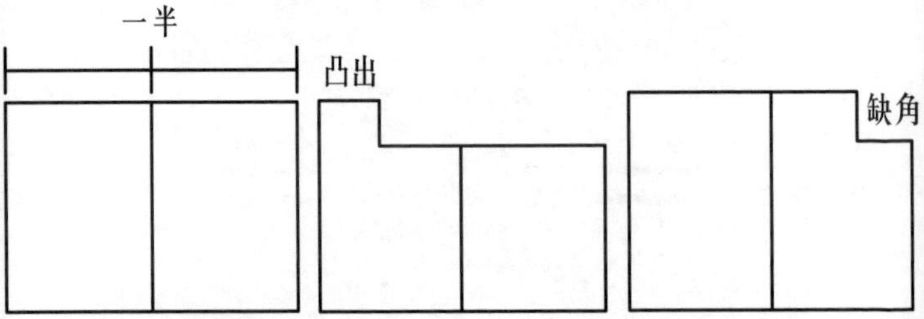

至於缺角凸角之分別，主要在於面積之大小，如少於長度之一半為凸出，多於一半叫缺角。

八、大門不宜對窗

大門對窗會有漏財之象，因氣從大門進入以後，如當中沒有阻隔的話，便會直沖出窗外，產生財來財去之象。由於風水學上，首要藏風聚氣，故大門直沖出窗，會使氣不能聚在室內。氣既然不能聚，財當然亦不能聚。

補救辦法是，在大門前面放置一面屏風（見圖一），從而使氣流改道，這樣氣流便會流入屋內四周，使財氣能散於屋內而不是漏出街外。但要注意的是，屏風一定要比大門高及闊。

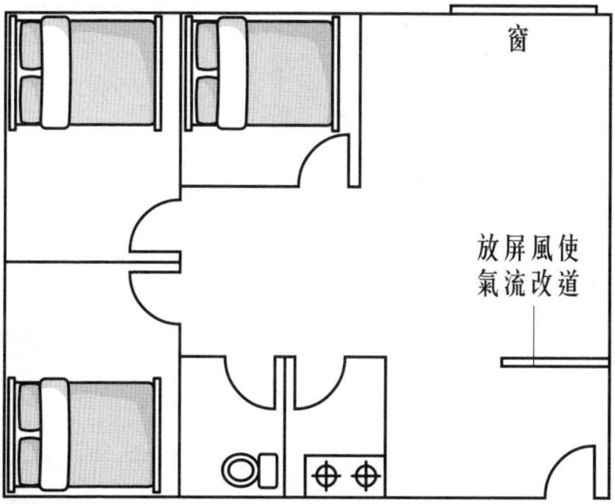

（圖一）

惟屋內環境不許可的話，亦可放一棵高及葉多而細的植物（見圖二），把氣流擋住，因植物本身有氣牆，所以植物雖然不能完全遮蓋大門，但其氣牆亦能使氣流改道，從而達致聚財之效。

註：經多年印證，筆者近年已不再擋漏財，因漏不了多少，且催財比防漏財更為重要。

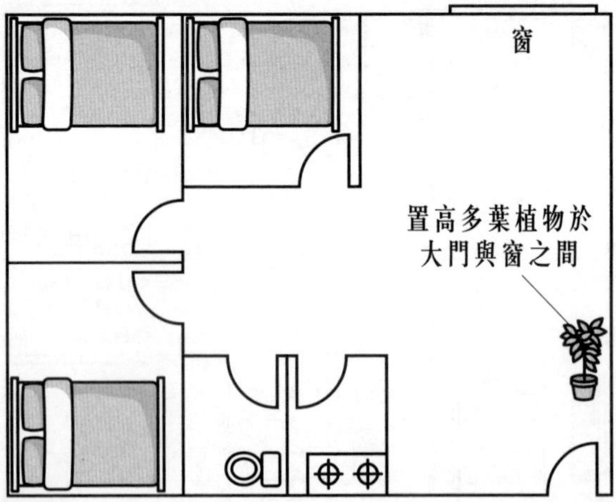

（圖二）

九、住宅玄關成一直線

住宅玄關成一直線，代表大門對着長走廊然後再對着最後面的房間，甚至再對着窗。這種風水效應比大門對窗更壞，因為大門玄關呈一直線，氣流直出直入，其氣更為猛烈。這樣不止會產生漏財的情況，亦會影響健康。有些風水師會叫客人放珠簾化解，但是珠簾也是疏氣的，根本不能化解。亦有些風水師叫人在走廊入口做一個圓拱化解，惟這樣更無稽，不知道他們根據甚麼理論。

較可行的辦法是做一道門，從而把氣流阻隔，但這種做法亦有問題，因為根據我的經驗，那些人入住以後，大都會忘記把門關上，結果有門等於無門，所以這辦法亦不可行。最可行的辦法是在玄關直線旁任何位置放一棵高且葉多而細的植物阻隔，這樣不單能改善風水效應，亦起美觀之作用（見下頁圖一）。

此外，我常常聽見一些客人說，以前給他們看風水的風水師說他們不能在屋內種植物，我都不知道是甚麼原因。但現在我知道了，原來因為他們的命卦屬土，而木剋土，所以他們在屋內種植物會把自己剋住。聽起來好像言之成理，但實際上並不是這樣的，所以各讀者就算真的屬土，亦可用以上放置植物的辦法來化解大門直沖。但經多年印證，這漏財並不嚴重，可以不用化解。

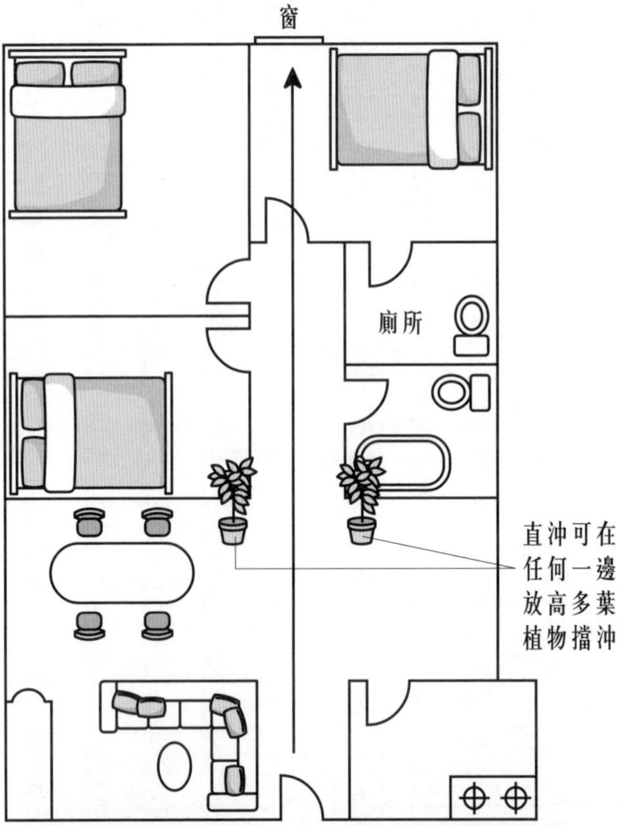

（圖一）雖直沖，但漏財並不嚴重，可以不用化解。

十、大門對廁所

大門對廁所，對腎、膀胱、泌尿系統有壞影響，尤其不利女性，更不利懷孕。

化解之法，把廁門移開或於中間以屏風去擋。如不可行，唯有在廁所門外左右角吊植物去擋。

除非直對主人房廁所，則必常因疾病而破財，便一定要化解。

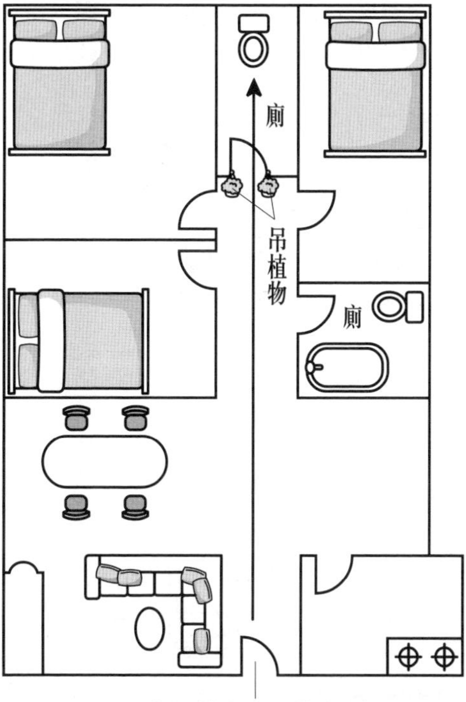

大門對走廊再對廁所

十一、大門對正廚房

大門對正廚房門，在風水學上為大凶之象，比對廁所更甚，這樣必會引致嚴重疾病，即使屋宅本身是旺財旺丁的好屋，宅內人亦難免疾病連年，屢醫無效，且不利人緣、感情。

補救方法最好是改廚房門，使之避開大門位置，但如門不能更

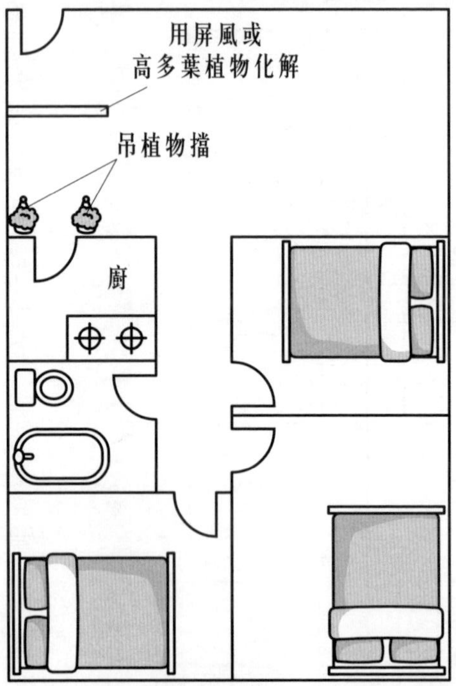

(圖一)

改，則唯有用屏風或高且多葉的植物放於大門與廚房門直沖之位置（見圖一）。惟如沒有地方可放，便只好在廚房門頂左右兩旁各吊兩棵植物阻隔，但這種化解方法並不徹底，因為植物太少，以致所發出之氣牆並不能完全把大門之氣阻隔，故身體仍然會有小毛病。

另外，廚房所在之位置，亦是發病之位置：

廚房在北面——會產生腎、膀胱、泌尿系統之問題。

廚房在東北或西南——會產生腹部、胃腸消化系統之問題。

廚房在正東或東南——會產生肝、膽、手腳之問題。

廚房在正南——會有心、眼、皮膚、血液循環之問題。

廚房在正西或西北——會產生肺、呼吸系統及骨的問題。

十二、廚房門對房門

廚房門對着房門，在風水上亦為不佳之象。雖無大門對廚房門之影響大，但亦會影響居住在房內的人，使其精神緊張、脾氣暴躁、無忍耐力、夫妻易生磨擦，而對身體亦容易產生不良影響，尤其是心臟、眼睛、皮膚及血液循環等。補救方法最好是在廚房內多放清水，以減弱火氣之作用，然後再於廚房與房中間之門角上吊植物（見圖一），使植物吸收廚房所發出之火氣，從而減低對居住在房間內的人之影響。

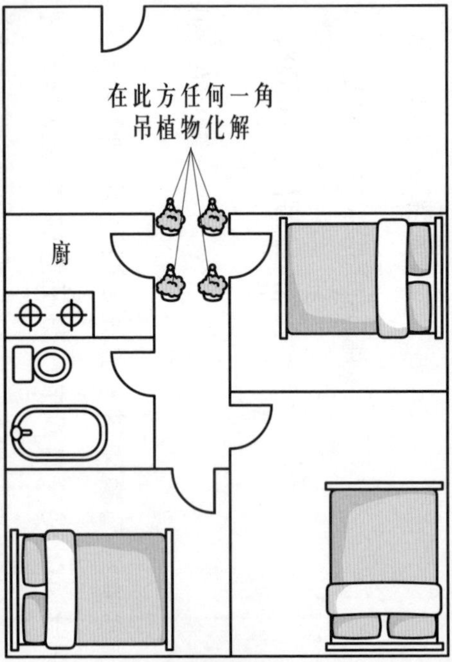

（圖一）

十三、廚房對廁所（水火交戰）

廚房門對廁所門的壞影響，比大門對廚房門及大門對廁所門更嚴重。因廚房屬火，廁所屬水，廚房對廁所為水火交戰，對屋內的人影響極大，會使人情緒波動大，時而情緒高漲，時而情緒低落。而且對身體亦有不良之影響，因廚房屬火，屬心、眼、皮膚、血液循環等部位；廁所屬水，屬腎、膀胱、泌尿系統等部位，故以上兩者相沖，不管誰勝誰負，都有不良之後果。化解之法是在廁所及廚房中間放植物，或是在廚房或廁所之左右門角各放一棵植物即可化解（見圖一）。

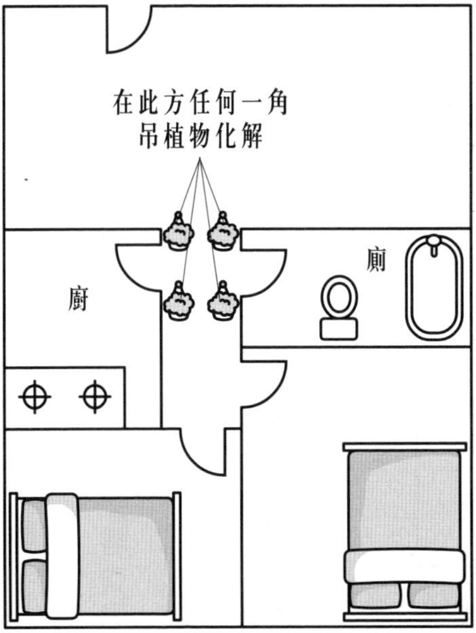

（圖一）

十四、廚房爐灶擺放方法

廚房內最重要是爐灶的擺放，如擺放得宜則身體健康，擺放不宜則影響胃腸，令消化系統不佳。以下為爐灶之不同擺放方法：

凶灶：

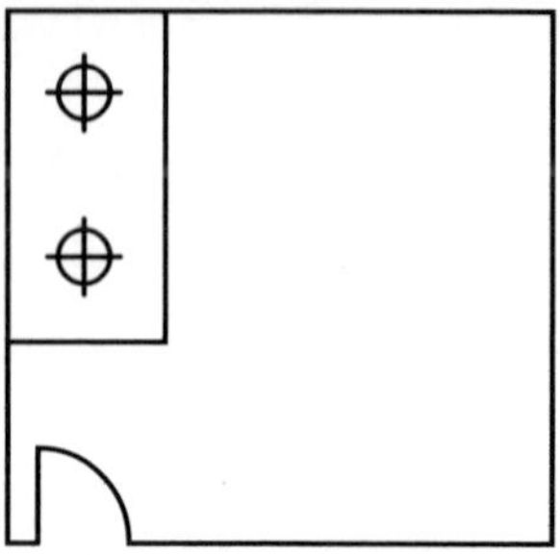

大門相沖，問題不大

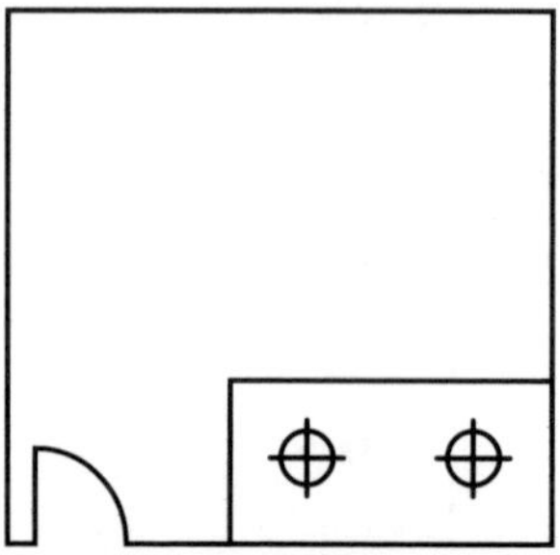

最差：氣流直沖爐灶

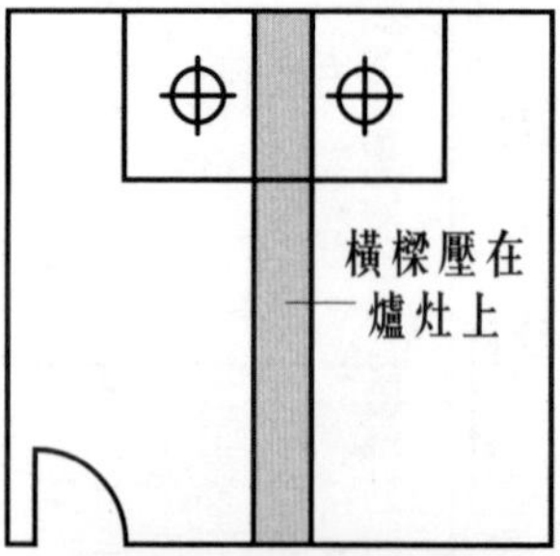

橫樑壓灶：因煮食時會亮燈，故影響不大

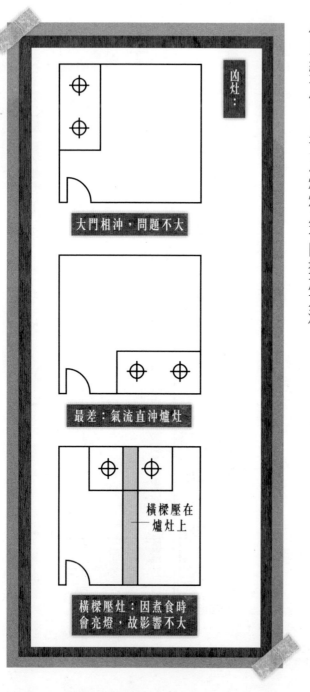

吉灶：

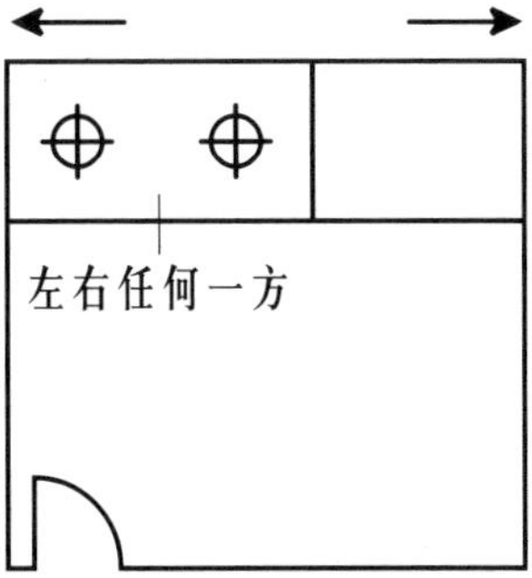

廚房門對着灶位其實並不會出現問題。

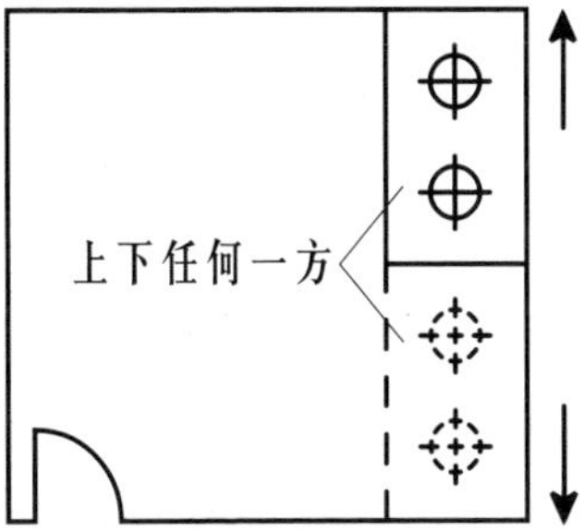

永遠吉位

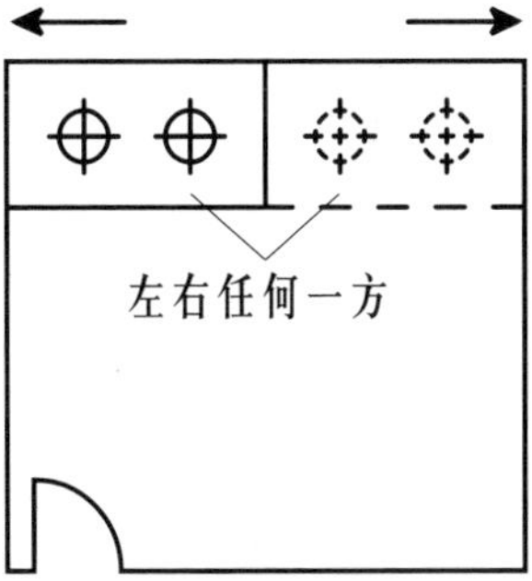

永遠吉位

十五、總論廚房之吉凶

大門不宜對着廚房門，否則後果嚴重，影響遍及全家，尤其對女主人影響最大。遇此情形，一定要把廚房門位置更改或在大門與廚房門之間用屏風或多葉植物遮擋。

又廚房門不宜對向房間，因這樣會令房中人脾氣暴躁、精神緊張、胸肺不適及常有呼吸系統之毛病等。

又廚房門不宜對着廁所門，否則會形成「水火交戰」，此乃大凶之象。這不單會導致人口不和，夫妻不睦，嚴重者更會損傷手術。

由於現代房屋面積通常較細，所以常有睡房旁為廚房的情形。在風水學上此非吉象，惟只要睡牀不是與爐灶相連，則問題不大，否則便要把睡牀移開一點，避免相連。

圖一所示的，正是廚房與睡房相貼的情況。如安牀如附圖，就會脾氣急躁、無忍耐

力、易有爭吵之事，且人緣不佳。

此外，亦要注意廚房內爐灶的擺放位置。

第一，不可對門而放，但如果廚房是窄長形則影響並不嚴重（見圖二）。

第二，盡量避免放在廚房門旁邊（見下頁圖三）。

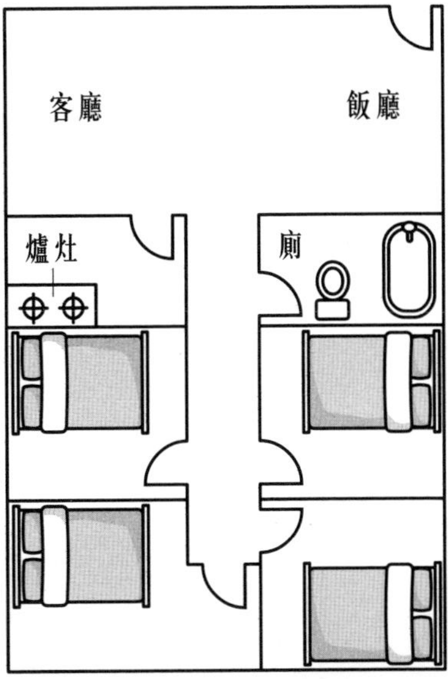

(圖一) 廚房與睡牀相貼，會令人脾氣急躁，無忍耐力，易有爭吵之事，人緣亦不佳。

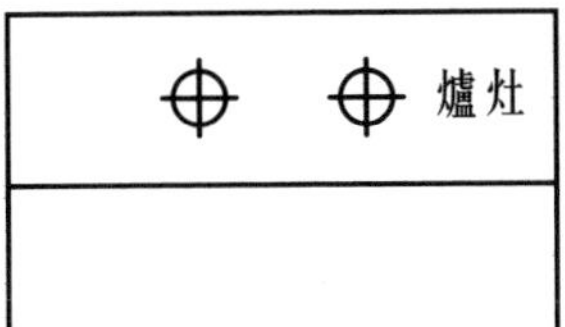

(圖二) 門口對灶頭並無問題，加上灶位與門口有一定距離，所以並不為忌。

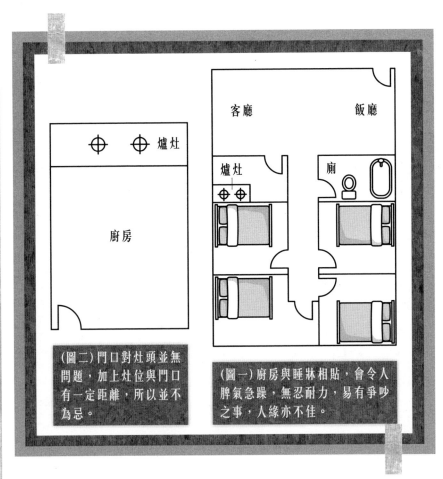

此外，很多人說灶頭不宜與水龍頭相對（見圖四），謂會火水相沖，但經過研究以後，我發現並無問題。讀者若是不安心的話，則可在水龍頭與灶之間放一盆栽化解。

又有一些人說雪櫃上放微波爐又叫水火相沖，灶下放洗衣機又叫水火相沖，林林種種，其實都是一些現代風水師杜撰出來的，並不可信。

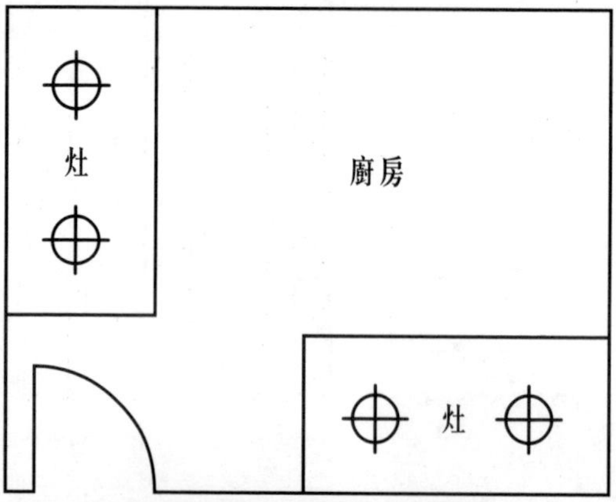

(圖三)灶位如此放便為凶位

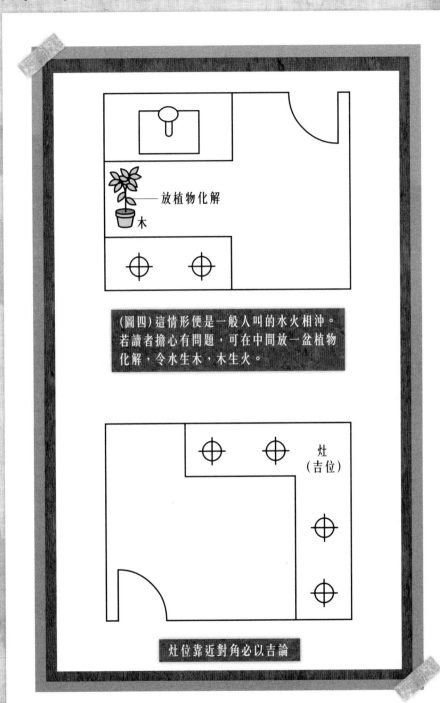

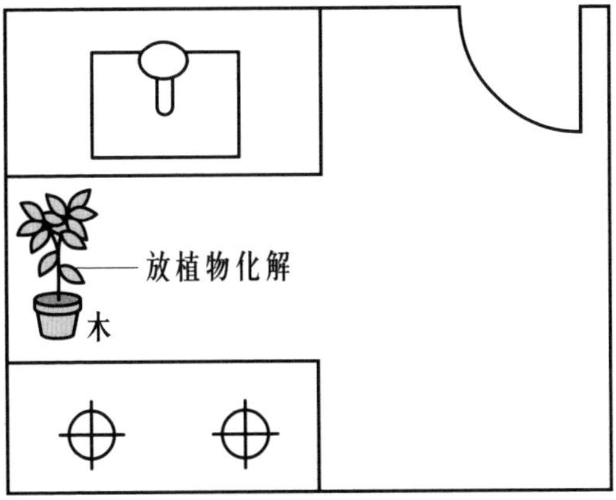

(圖四)這情形便是一般人叫的水火相沖。若讀者擔心有問題，可在中間放一盆植物化解，令水生木，木生火。

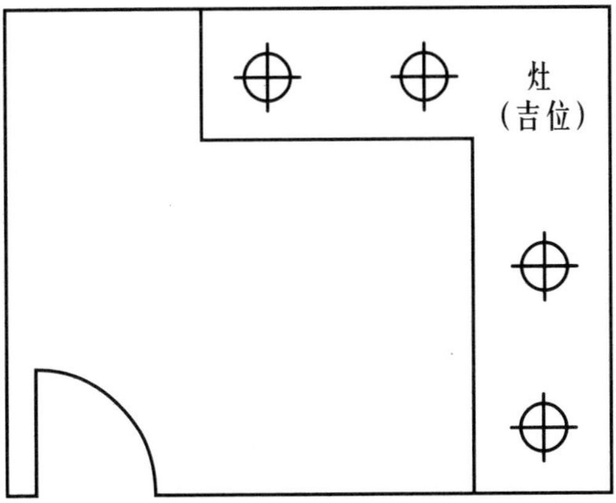

灶位靠近對角必以吉論

十六、大門不宜對廁所

大門對廁所，在風水學上亦為凶論（見圖一）。

廁所屬水，屬腎、膀胱、泌尿系統，如大門對廁所，將對以上部位有不良的影響，尤其以女性為甚，因男性出現腎、膀胱之問題的機會不大，最多只是經常覺得疲倦、無精打采、記憶力衰退等，惟女性之腎、膀胱有問題，輕則經來腹痛，重則疾病頻生，嚴重者甚至會有子宮出血，或是難於受孕、易小產等問題。

補救辦法最好是把廁所門改掉，其次是放屏風或植物阻隔（見圖二）。

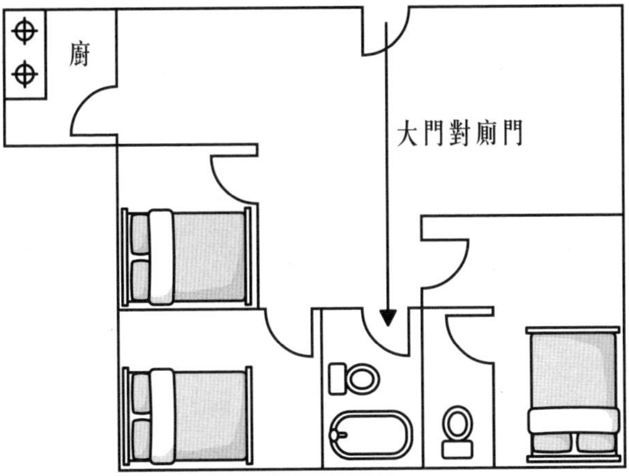

(圖一)

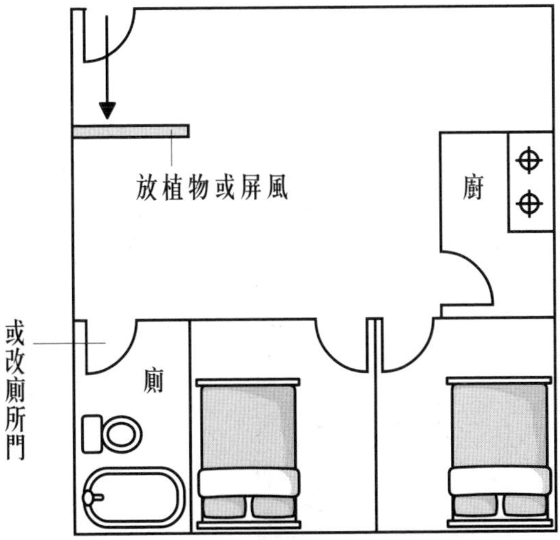

(圖二)

十七、房門對廁所門

房門對廁所門，不一定以凶論，因房門對廁所門可能使腎、膀胱出現問題，但是亦利桃花，所以對單身人士影響較少；但對已婚者，不論是腎、膀胱出現問題或桃色問題皆為壞影響，所以不可不化解。

補救方法是常關廁所門及盡量避免睡牀對着廁所門，然後再在對門之處左右角吊盆栽植物即可化解。

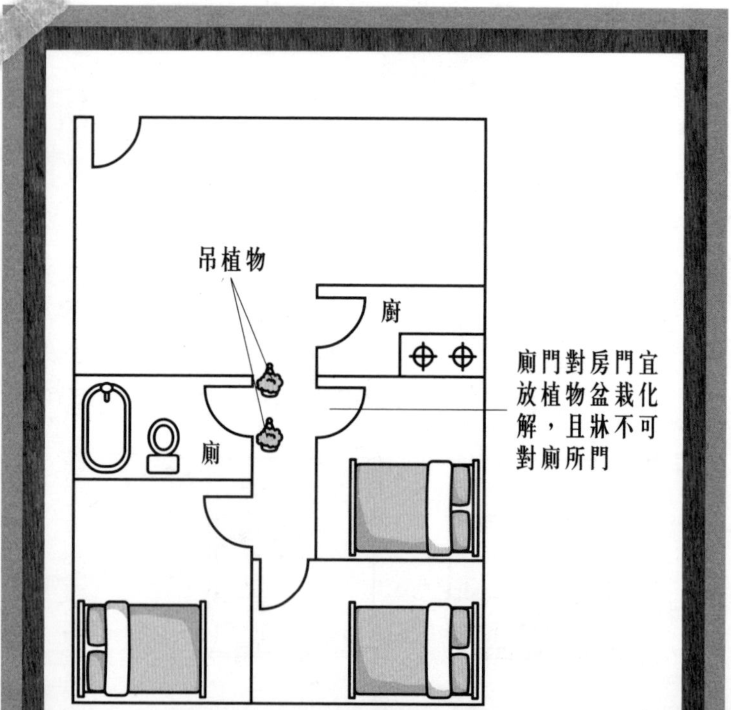

十八、廁所不宜對牀

廁所對牀與廁所對大門所產生的問題一樣，但其遺害則更為嚴重。

城市的居室大多比較狹小。常見之情況為在不夠十平方米的房間內附設廁所，而廁所門則無可避免地對着睡牀。而廁所對牀無論對單身或已婚人士之身體都會有壞影響，輕則常常疲倦，重則腎、膀胱、泌尿系統出現問題，而且容易發生桃色是非。

補救方法是把廁所門更改，如不可行，則可用屏風或布簾遮擋，然後把廁所門常常關閉。筆者常見一些年輕的夫婦，每喜把廁所的間格牆改成玻璃（見下頁圖一）。從設計角度而言，這可能更加美觀，但從風水角度來看，則有極壞之影響。

九九年年尾，筆者曾到九龍塘某宅看風水。他們一家人在這房子住了十多年都相安無事，怎知道重新裝修以後便疾病連年，足足病了一年有多，尤以女主人為甚。及後，他們才想到可能是風水出了問題，於是便找我幫他們看風水。他們家裏的風水方位是坐南大門向北，為旺財不旺丁之局，但不會損丁，所以問題不是出在方位上面。再進主人房一看，便知道是甚麼原因。原來他們重新裝修以後，把主人房廁所的牆拆掉，換成透明玻璃（見圖二），正好完全對着睡牀，而他們後來也知道應該是廁所對牀出現問題，故已經用不透明的布簾把廁所完全遮蓋着，但還是繼續生病。

最後，我提議他們把廁所還原（見圖三），使廁所不與睡牀相對，之後身體便會慢慢好轉過來。

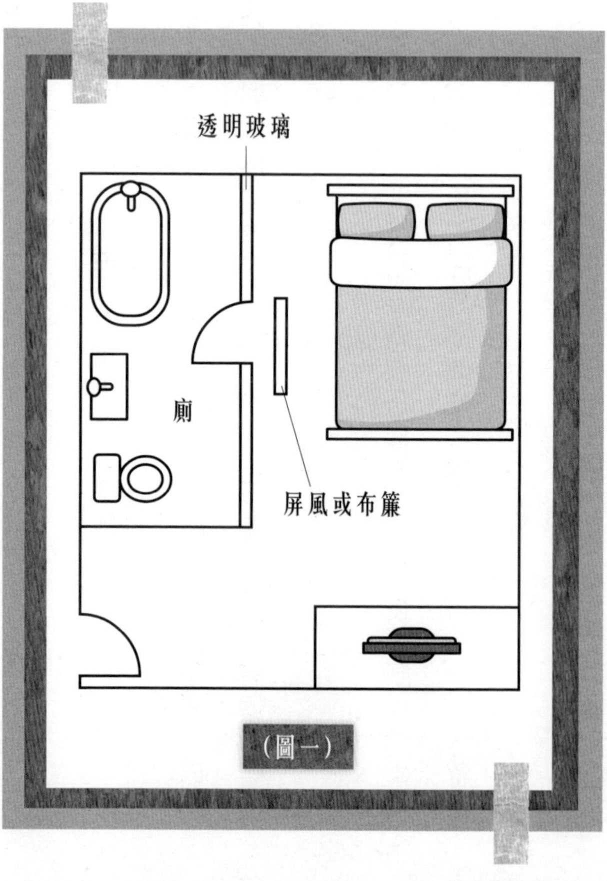

（圖一）

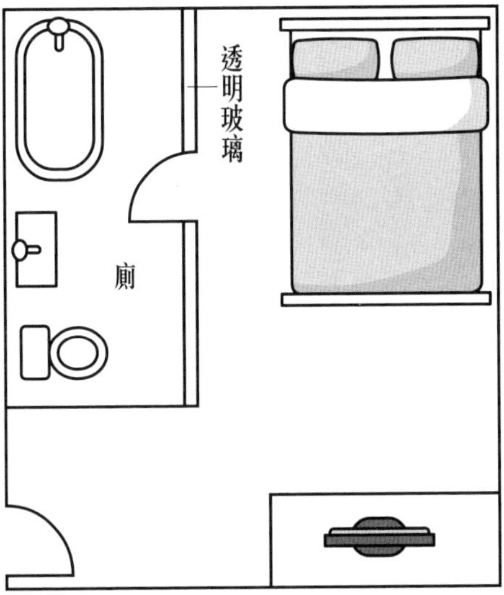

（圖二）

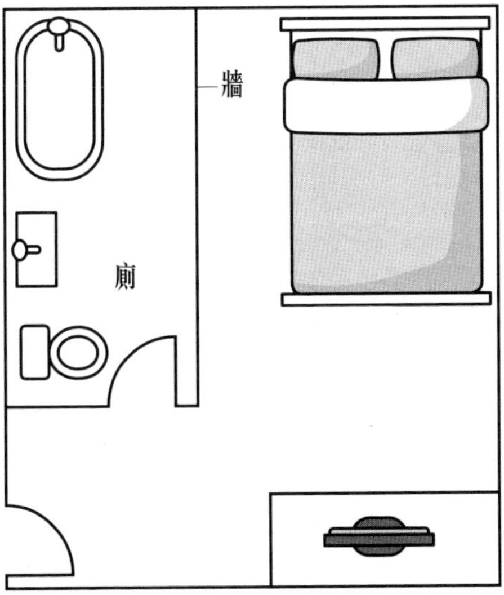

（圖三）

十九、廁所與廚房相連

廁所與廚房相連，在舊建築物中十分常見，但在風水學上而言，此是為凶象，因為廁所在風水學上宜在衰位，廚房在風水學上宜在吉位，這樣已經必然出現問題；再者，廁所、廚房相連，不管是先入廚房再入廁所，或是先入廁所再入廚房，皆會把穢氣帶入廚房之內，影響個人衛生。

風水學上廁所屬水，屬腎、膀胱、泌尿系統，廚房屬火，屬心、眼、皮膚、血液循環。兩者相連會產生水火交戰之象，不管誰勝誰負皆有嚴重問題。最徹底的化解之法是把廚房和廁所分開，如不可行，只有在廁所與廚房中間左右門角上吊一盆植物。

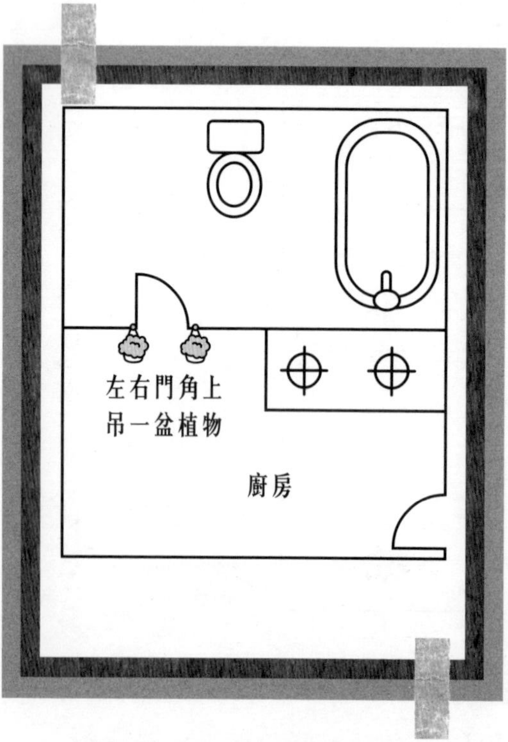

二十、廁所不宜在宅中央

廁所不宜在宅中央，因為宅中央不論以飛星、八宅計算，都是整個住宅的立極點（即控制室），在風水學上至為重要。如中央放廁所，則所有家庭成員都會受到影響，又影響最大的是女主人，其次是老人及嬰兒，再其次為男人。

記得某次為客人看風水，他的家便犯了此大忌，導致剛出生的嬰兒及他自己常常生病。他家的風水坐向算是不錯，是旺財不旺丁之局，但無損丁之象。唯一大問題是，他們夫婦把自己房間改為與浴室連在一起，無遮無擋（見下頁圖一）。又浴缸是可坐四個人的按摩浴缸，位置剛好在屋的正中間，而浴缸旁邊有一個用玻璃磚間格的小淋浴室和廁所，其位置剛好對着大門，好比大門對廁所一樣，可謂凶上加凶。

勘察後，我建議他們把浴缸拆掉及把淋浴室的玻璃磚換成實心磚，再把嬰兒牀移開至不對廁所的位置，便可把壞影響化解掉。

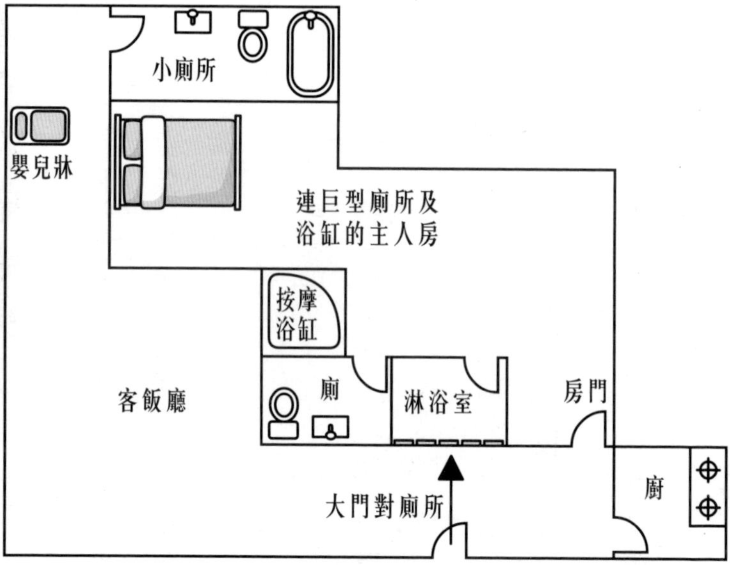

(圖一)此房子犯上大門對廁所及浴缸在全屋中間的錯誤。

二十一、牀之吉凶擺放方法

牀的擺設位置之好壞，是宅內形勢的一大事件，因為牀位的好壞會影響人的睡眠狀況。好的睡牀位置，令人睡眠充足，少發惡夢；相反，壞的睡牀位置，令人睡眠不足，經常沒精打采，精神無法集中。正確的睡牀位置，應以放在房門的對角線上最為穩當，是永遠吉位（見圖一）。

風水學說牀頭不可與門對沖（見下頁圖二），否則易形成煞氣直沖頭部，影響身體健康，但筆者近年研究過，發現問題不大。睡牀最不可放在開門旁邊位置的牆壁，如此

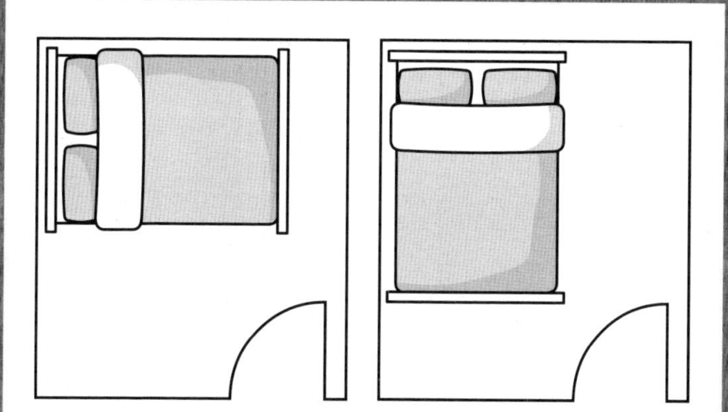

（圖一）

擺放易引致睡眠不好，容易發惡夢，精神不佳，情緒不穩等，這是唯一欠佳的擺牀方法。

外國人很喜歡把牀放在靠開門位置那邊（見圖三），認為這樣從房外就看不見牀，可保持個人私隱。誰不知如此擺放對人的精神最不利，長此下去必引起精神系統的疾病。

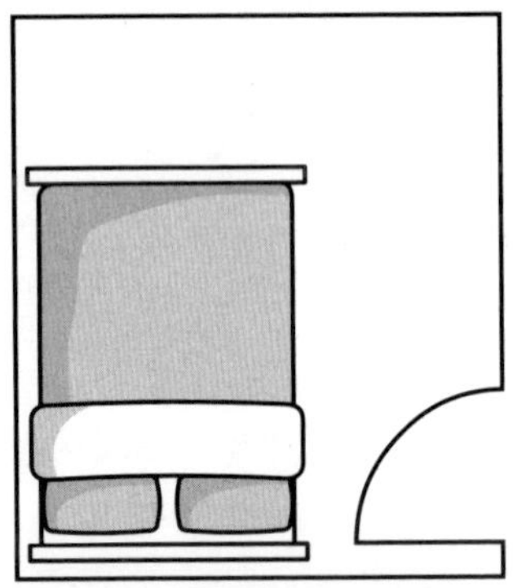

(圖二) 這是房門沖牀頭，問題不大。

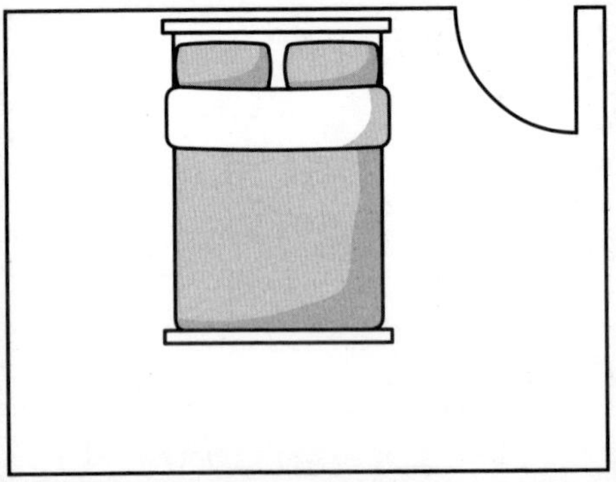

(圖三) 這是外國人最喜歡的牀位擺放方法

又睡牀底不宜擺放雜物，否則易令身體及睡眠不佳，但放衣服及內衣褲等則無妨。

牀頭部分不宜露空（見圖四），露空謂之無靠山，易導致陽氣過剩而陰氣不足，令人精神緊張，睡覺時亦不能鬆弛，常發惡夢。但只要放一張高牀頭板的牀把頭擋着，便可把問題解決。

睡牀擺放還要注意有否橫樑壓頂（見圖五），若壓着身體任何一部分，該部分便會出問題。

但像圖五牀頭上突出之樑柱，對氣流並沒有阻礙，故不會影響睡在下面的人。

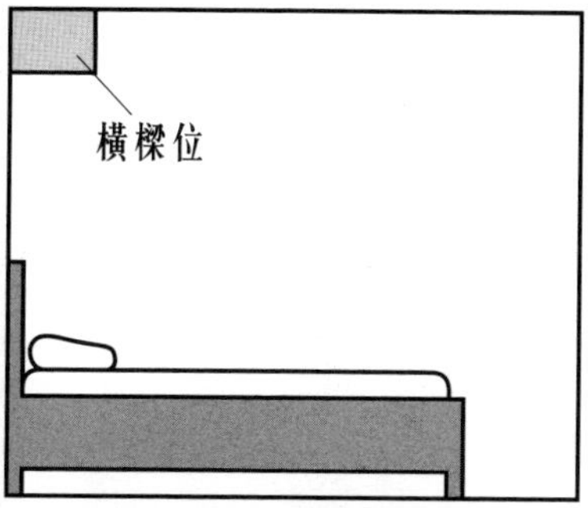

(圖五)這樣不算橫樑壓頭部，所以沒有問題。

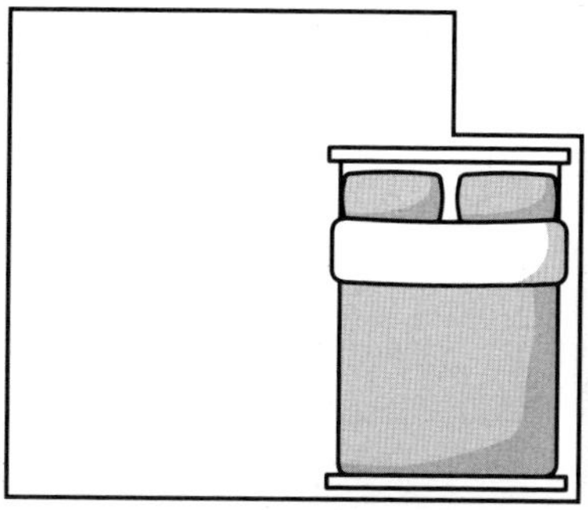

(圖四)這是牀頭露空，睡覺常發噩夢。

橫樑在中（見圖六），會把房中之氣分成兩股，因而構成兩氣從橫樑直下，對橫樑底睡覺或工作的人不利。至於貼角的樑則因無阻房內之氣流動，所以不會構成煞氣（見圖七）。

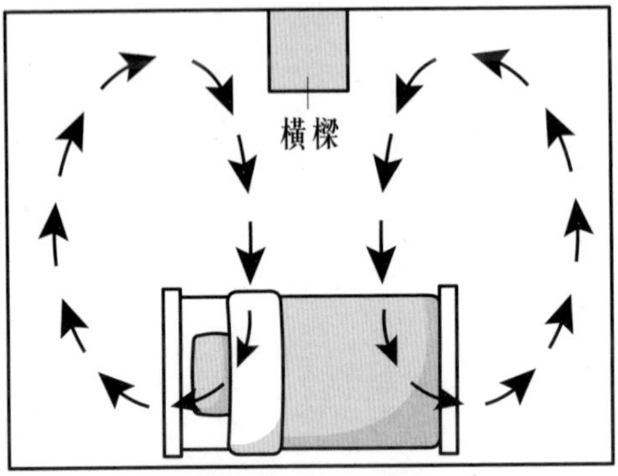

(圖六) 這是橫樑在中

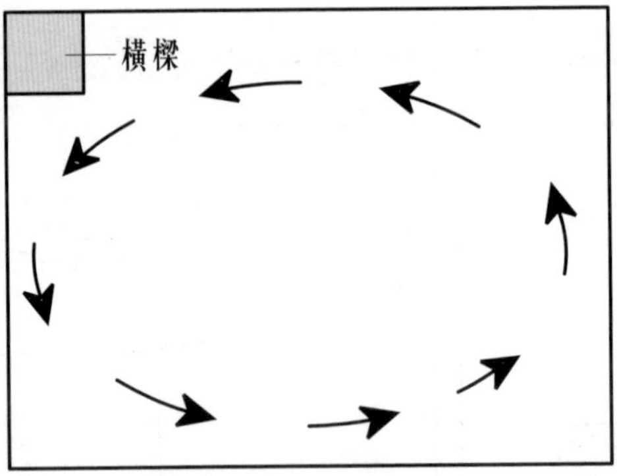

(圖七) 這是貼角橫樑

此外，睡牀亦不宜靠近灶頭（見圖八）或坐廁（見圖九），否則影響身體健康，關於此點我已在前文講過，於此不贅。

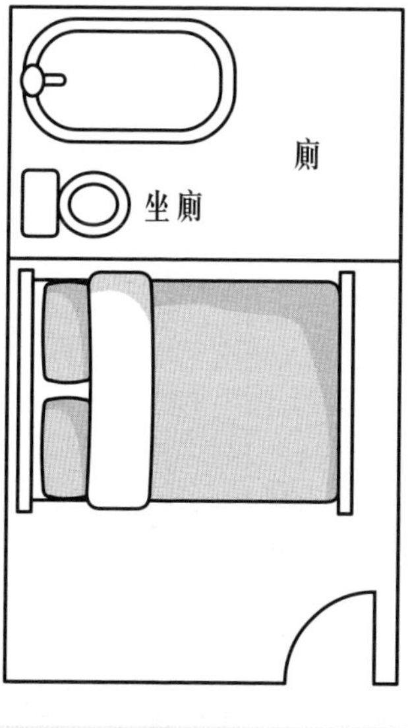

(圖九) 牀靠坐廁，令人腎部不佳，無記性，女性有婦女病。

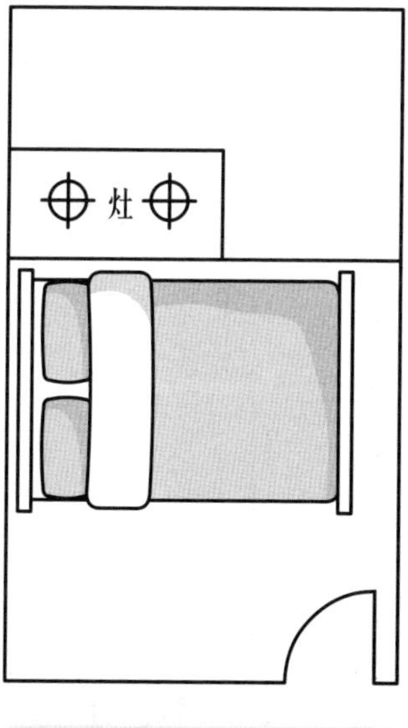

(圖八) 牀靠灶頭，火氣太重，令人精神緊張。

二十二、神位擺放方法

神位之擺放方法，不論任何宗教皆可為用，因為風水學只計算吉凶方法，實與宗教不相牴觸。神位最適宜放於主屋對門口之任何位置，若不可行對窗亦可，但是要注意窗外有否煞氣相對（參考本書第二章「宅外形勢」），有則不宜放對窗位置。如另闢一個房間作神位擺放之用，亦可照圖一之擺法。

此外，神位後面不宜對廁所或廚房，但礙於香港居住環境狹小，故這種情況實在不能避免。所以，亦可在神位後面加較厚的木板阻隔。

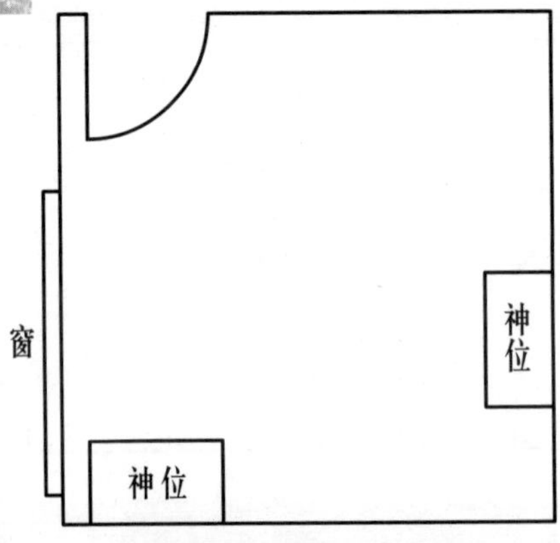

(圖一)神位擺放位置

二十三、鏡的擺放

鏡有收煞及反射作用，若擺放不宜，便會產生壞影響。

鏡不可對大門，因鏡對大門會把家中財氣反射出去，除非是風水極差之房屋，才可用鏡對着大門，但亦只能短用。

舖位則不同，可用鏡收納舖位外之氣，因為店舖着重財氣，所以即使把街外之煞氣收來，亦只會對財氣有利而對身體影響較少。

鏡不宜對任何門，包括廁所門、廚房門及房門，因容易招惹疾病及爭吵不和。

鏡亦不宜對正牀尾，因易有頭暈目眩之病。另外，牀頭有鏡亦不適宜，至於牀尾放電視則影響不大，因其反射作用輕微。

二十四、魚缸的擺放

魚缸是水，與旺財損財有直接關係。風水學上有云：「山管人丁水管財」，由此可知，魚缸若放在正確位置即能起催財旺財的作用；相反，便會漏財破財。

最簡單的擺放方位是靠近大門口，其次是把屋分成前後半部，如放在前半部一定不會出現壞影響。

魚缸擺放亦可根據不同的地運，擺放不同的方位。現在下元八運（二〇〇四至二〇二三年），魚缸可放於西南面；下元九運（二〇二四至二〇四三年），魚缸則可放於正北面。

二十五、對門煞氣

要留意大門外的對面住所有否煞氣，如掛鏡相對或神位相對等。

如有人掛鏡對着你的大門，切記不要掛鏡與人相鬥，因為鬥必有損傷。故此，應先禮後兵，與對門住戶商量，請他們把鏡拆除。若無效，則應請教專業風水師，不可胡亂相鬥。

至於神位相對則並無問題，大可放心。

門門相對，政府房屋大多是門與門相對（見下頁圖一），其實不會產生問題。

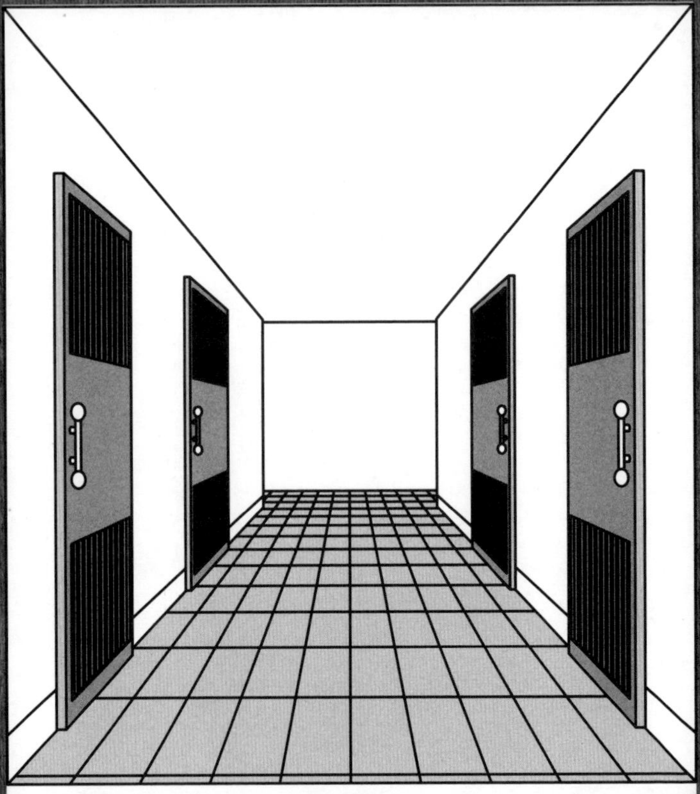

（圖一）

二十六、己門與對門的鐵閘顏色（只作參考而已）

己戶大門與對戶大門的鐵閘顏色，有相生相剋的作用。如對方之鐵閘顏色是生或剋己方鐵閘的顏色，或都是相同系列的顏色則吉；若自己鐵閘顏色剋或生對方之鐵閘顏色則不利。

相同系列顏色為旺！

顏色的相生：

紅、橙、紫生黃、啡；

黃、啡　生白、金、銀；

白、金、銀生黑、灰、藍；

黑、灰、藍生青、綠；

青、綠　生紅、橙、紫。

顏色的相剋：

紅、橙、紫剋白、金、銀；

白、金、銀剋青、綠；

青、綠　剋黃、啡；

黃、啡　剋黑、灰、藍；

黑、灰、藍剋紅、橙、紫。

顏色相同：

米、黃、啡見米、黃、啡；

紅、橙、紫見紅、橙、紫……等等。

第四章

煞氣與化煞

煞氣主要有：形煞、動土煞、氣煞、嗅覺煞、光煞、聲煞、磁電煞、顏色煞、理氣煞。

而化煞的方法主要有五種：

一、遮──把煞氣遮擋，眼不見為乾淨。

二、擋──可用植物、屏風等物件把煞氣遮擋。

三、化──用五行化煞、用顏色或物件等把煞氣化掉。

四、鬥──用三叉、八卦、麒麟、獅子等猛獸，或見不同煞氣用不同方法去鬥。

五、避──三十六計，走為上計。

化煞、鬥煞是風水學上之精粹，因鬥化得宜則煞氣反為我用，從而產生更大的好處。

一、形煞

一切有形可見之物，如大廈尖角，電燈柱，牛角簷篷、鐵甲人大廈、奇形怪狀的山、石、路、樹等都稱之為形煞。

化煞：

化解形煞的方法，大都以遮擋法為用。如見大廈之角，可用植物去擋；蛇頭電燈柱用鷹狀物件，普通電燈柱用水去擋。

故事一——狀似牛角，胸口悶痛

奇形怪狀之煞氣需要對症下藥。筆者有一次往跑馬地為一間車房勘察風水時，得悉車房主人之所以請我看風水，是因為他那年常常生病，覺得胸口翳悶，看完醫生後又查不出有甚麼毛病。我看過後，發覺原來是風水出了問題，因為年初時候，在他的舖位對面，有人開了一間畫苑。

畫苑設在二樓，要經過一條長樓梯才可到達，又畫苑主人把長樓梯入口裝飾成古代的樓閣，用綠色琉璃瓦裝飾、左右兩邊像牛角捲起的那一種（見圖一及彩圖十五）。剛好這牛角正對着我客人的車房大門，試問每天受那牛角煞的沖射，胸口怎會不痛？

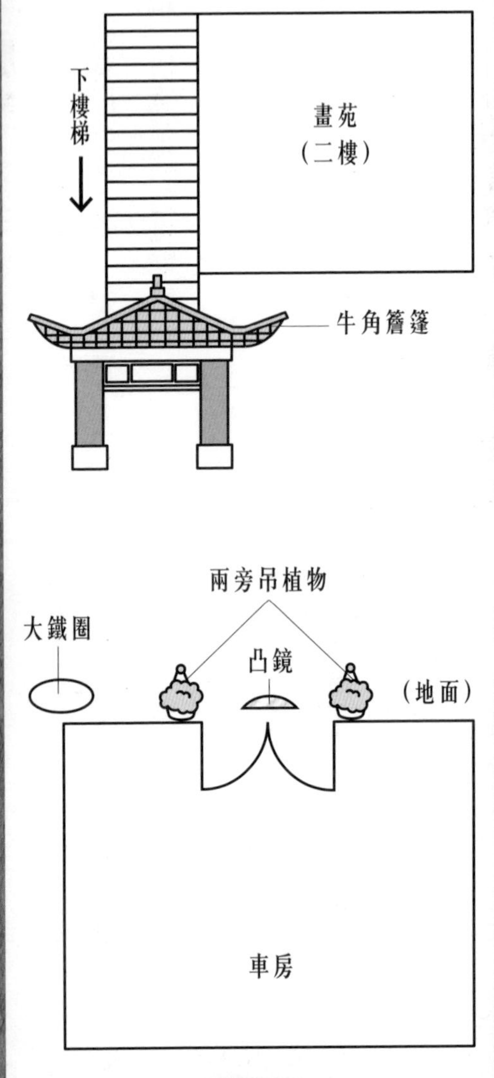

（圖一）

於是我叫我的客人在他車房門外放一塊凸鏡，把煞氣反射，然後在車房門口兩旁掛一棵植物把煞氣擋住，最後再用一個大鐵圈放在店旁把牛頭引開。

自此以後，他的胸口痛便開始減弱。後來不知道甚麼原因，對面的牛角有一邊毀掉，客人的身體又好一些。

沒多久，對面的畫苑便消失了，不知道是關門大吉還是遷往他處，於是我叫我的客人把另一隻牛角也毀掉，從此他的胸口便不痛了。

故事二——狀似下體，疾病連連

有次應邀到雲景道為一位客人之居宅勘察風水，因為她有一天下體無端出血，要進醫院，加上丈夫最近常常不回家，所以她懷疑丈夫有外遇及家裏風水出現問題，於是便請我為她勘察。

去到現場把羅盤打開，看不到屋內出現甚麼問題，無論大門坐向、房間間隔都不差。

惟最後細心勘察窗外環境時，卻給我發現了主人房窗外的山坡上出現了一種不尋常之形煞。

山坡上呈現一條三叉形的行人路，主路在中間，然後分岔路左右兩邊走，但剛好分岔路中間有一堆濃密之草叢，形狀好像一個女人打開雙腳一樣（見圖二）。

於是我馬上想辦法化解。由於它有別於一般形煞，所以必須對症下藥才有用。最後我想到兩個辦法：一是掛一條褲於窗外，象徵幫她把褲穿上，蓋着下體；二是找一顆石頭掛於窗外把下體填滿。

最後，我的客人選擇在窗外掛一顆石頭，沒多久她的病便好了。至於她的丈夫，回家的時間也好像多了一點。

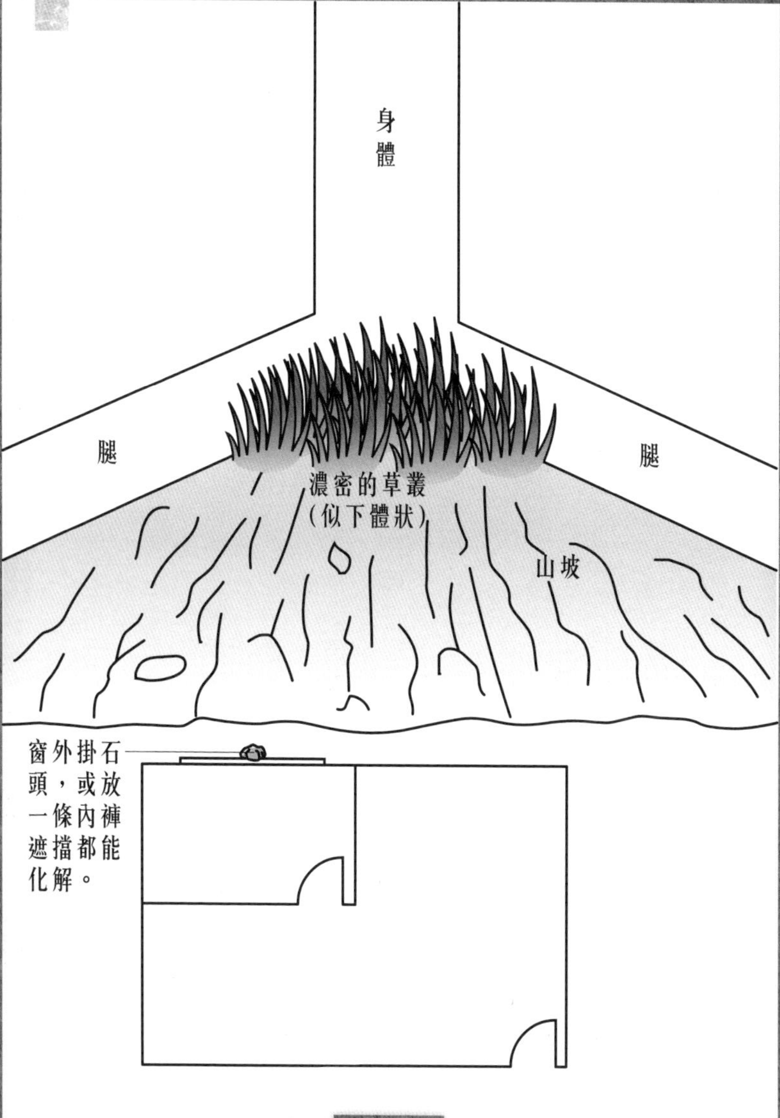
身體
腿
腿
濃密的草叢
(似下體狀)
山坡
窗外掛石頭，或放一條內褲遮擋都能化解。

(圖二)

故事三——窗外對正蛇頭形電燈柱，皮膚敏感生風癩

筆者於二〇〇六年底搬了新居，新居坐向為坐午向子，八運後沒有換過爐，業權亦沒有轉變，故為旺財不旺丁之局，且財位在主人房，桃花位為書房，衣帽間為五鬼，故風水可說是非常之好，唯一問題是，居住之層數剛好對着蛇形電燈柱之蛇頭（見圖三及下頁圖四）。筆者在入住時已經放了一隻貓頭鷹擺設對着蛇頭（見下頁圖五），這樣應該可以把蛇頭燈柱之煞氣擋住，但筆者入住此屋後便開始常常生風癩。後來才發現原來本人所飼養的犬隻每每把貓頭鷹的嘴巴咬爛，變成無嘴貓頭鷹，這樣當然擋不到煞啦！而每次我把嘴「駁」回，我的犬隻又會再次把它的嘴咬掉。

無計可施之下，唯有再於露台上放一桶水去化解。放了之後，一直相安無事，誰知有一日，我又再突然生風癩，而我又像往常一樣馬上用被把全身蓋着。以往這樣做的話，風癩一般都會在一個小時內消散，誰知那一次我在被內焗了四個小時汗，風癩亦未見消散，而那天我女朋友剛好帶了兩個也是我的朋友來我家坐，在客廳上飲酒談天，談得興

同采烈。我在忍無可忍下，唯有穿好衣服，出去客廳和他們飲酒談天，而且說到搬來這屋後便常常生風癩，因為是對着蛇頭燈柱之關係，但我說我已經放了很多物件化解，應該無事才對。

說完我便再走出露台看一看那桶水，誰知，一滴水都沒有了。

後來，我女朋友說，今

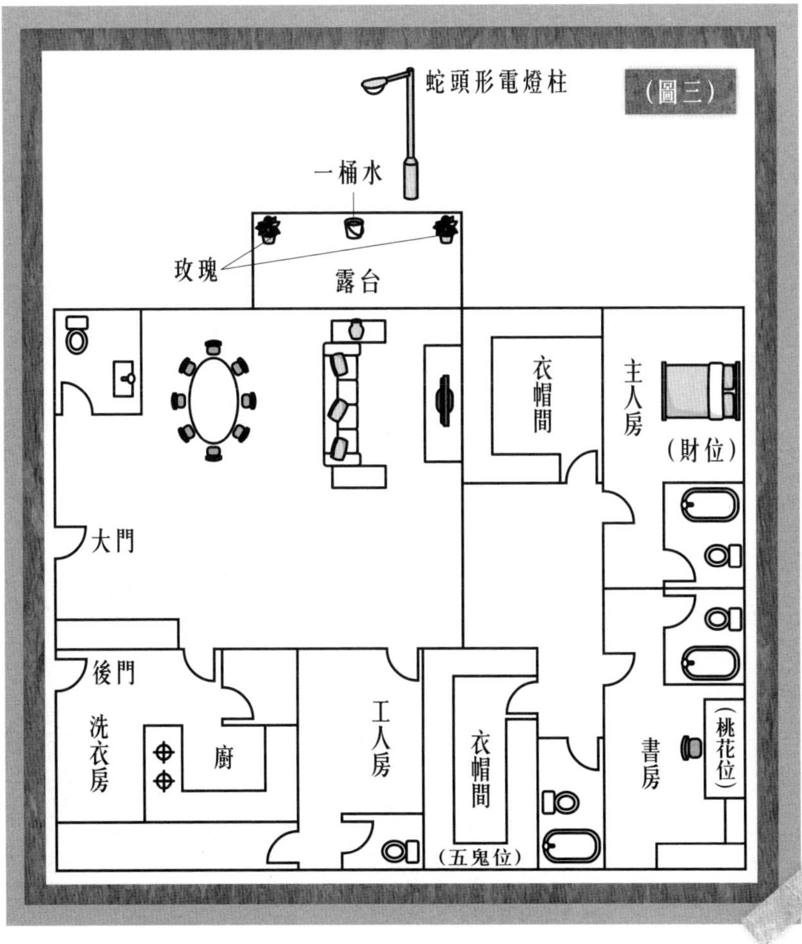

(圖三)

天下午我的犬隻把水喝乾了，而且喝完之後沒多久便嘔吐起來。我說，喝了那麼多擋煞的水，不吐才怪。犬隻喝乾水後，傭人又忘記了把水加回，結果就變成有桶但無水。再察看那隻貓頭鷹，才知其嘴部又被我的狗咬爛了，怪不得這次風癩生得那麼厲害。

於是我馬上把水加滿，又把貓頭鷹的嘴部駁回。結果不到十分鐘，所有風癩便馬上消失，連我的兩個朋友也看得目瞪口呆，覺得實在很神奇。是巧合也好，風水也好，然後我再叫我女朋友多置兩盆玫瑰花放在露台上（見圖六），即使下次我的狗把水喝乾，把貓頭鷹的嘴咬掉，最少還有兩盆玫瑰去把煞氣擋住。自從二〇〇六年十二月左右，加了兩盆玫瑰之後，一直到現在也再沒有生過風癩了。

（圖四）

(圖五)窗外遇蛇頭形電燈柱，可放鷹狀擺設於窗前，把蛇吃掉。

(圖六)除一桶水外，亦可置植物擋煞。

二、動土煞

動土煞是所有煞氣之中最嚴重的，一切關於動土的工程如掘地、建築工程、外牆維修以至室內裝修工程都可以算是動土煞（見圖一及彩圖十六）。

動土煞所產生的影響，輕則人畜不安，重則損傷死亡。而動土面積愈大，所產生之煞氣便愈強；面積愈細小，其影響便相對較為輕微。又動土煞位置剛好在當年的太歲位、三煞位、五黃位及二黑位，其影響便會更嚴重。

輕微的動土煞如對戶裝修或自己大廈外牆維修，會引致手腳損傷、喉

（圖一）

嚨、氣管、呼吸系統不適等輕微疾病。嚴重的動土如掘地、開山、大型建築建設等，輕則疾病連連，重則損傷、手術，嚴重者甚至會死亡。

一般風水師多會用一些麒麟、獅子、仙人掌、反光鏡、風鈴等物件來化解，但其實以上之辦法都不能徹底化解，只是別無他法，故筆者以前亦一直照用如儀。

直至九七年頭，筆者住家大門正對之另一單位裝修動土，以致筆者喉嚨氣管長期不適，必須想辦法解決。一天突然靈機一觸，創下五行化動土煞局，其原理是用木、火、土、金、水五種天地流行之氣把煞氣化掉。

使用這方法時，最有效是依不同方向用不同排列化解。如各位讀者不懂怎樣分方向，亦可以圓形排列化解，現詳細介紹如下：

木——任何植物。

火——任何紅色物件。

土——任何石頭。

金——金屬發聲物件，如風鈴、音樂盒。最簡單方便是用音樂盒；因扭緊發條以後便可發出聲響，但切記不要用電子音樂盒，因電屬火，會產生相反效果。

水——普通水，不要用蒸餾水。

煞在東方、東南方（木煞）——先放音樂盒向着動土方，後面依次排列是石頭、紅色物件、植物、水。

↑金、土、火、木、水

煞在南方（火煞）——先放水向着動土方，然後是音樂盒、石頭、紅色物件、植物。

↑水、金、土、火、木

煞在西南方、東北方（土煞）——先放植物向着動土方，然後放水、音樂盒、石頭、紅色物件。

↑木、水、金、土、火

煞在正西方、西北方（金煞）——先放紅色物件向着動土方，然後放植物、水、音樂盒、石頭。

↑ 火、木、水、金、土

煞在正北方（水煞）——先放石頭向着動土方，然後放紅色、植物、水、音樂盒。

↑ 土、火、木、水、金

如有動土煞而又不知道方向，可以把以上化煞物件圍成圓形來放，則任何方向之動土皆可化解，但力量則較針對方向的化解方法為弱。

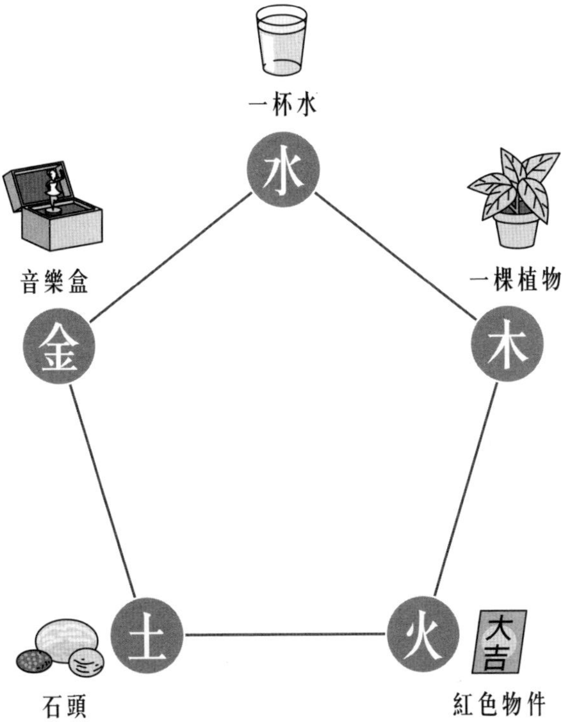

煞在不知在何方的化解方法

三、氣煞

氣煞與形煞有相似之處，但形煞是因其形狀引起煞氣，而氣煞則因為氣沖而引起煞氣，如路沖、屋與屋之罅隙直沖、山谷出入口之陽氣猛所引起之沖等。

氣煞因空中陽氣之流動速度過快而形成氣沖，如其氣沖正自己居屋，便犯上氣沖煞，而氣沖因有實質之氣，所以其化解方法多為遮、擋或鬥之方法。

遮法——用窗簾或把對沖之窗戶封閉，使氣不能沖。

擋法——用仙人掌、葉尖細而多的植物、石、水等物去擋。

鬥法——用凸鏡、三叉、八卦鏡、獅子、麒麟等猛獸去鬥。

其實還有一個最好的方法，就是化煞為己用，但方法比較複雜，要掌握風水學上一定的知識方可為用。

如煞氣從東面而來，東面屬木，屬震卦，可用火去洩木之煞氣或用金制木之煞氣。亦可用巽卦把震卦的煞氣合住，使其陰陽調和而有情不沖我。

但此法要知煞氣來路、五行所屬，所以比較複雜，故此各位讀者還是採用遮、擋、鬥之方法較為簡單。

四、嗅覺煞

嗅覺煞是指一切難聞之氣味，如發霉味、垃圾味等。

這煞氣其實是常識的一種，因有發霉味道，一定是潮濕所致，而潮濕則容易滋生細菌，不利健康，有垃圾味道亦一樣。

嗅覺煞在古代是沒有辦法化解的，但因現代科技先進，故遇發霉味可用抽濕機，遇垃圾味亦可以把窗戶關閉，並開放室內空氣調節系統。

五、光煞

光煞指光對人們大腦所產生的影響。如光線過強會令人處於緊張狀態，但此情況在辦公室卻可以提高人們的工作效率；光線過暗會令人有舒服、不想動的感覺，此情況在辦公室雖然不好，但在住宅卻無妨。

長期處於強光環境不單令人精神緊張，更會令人脾氣暴躁，失去忍耐力；而人長期在過暗的地方，則會精神不振，沒精打采，對事物看法趨於消極，失去進取心。

一向以來，不同民族都有自己喜歡的不同光暗程度。例如，中國人或亞洲人會喜歡「光猛」一點的環境；相反，西方人則喜歡較暗淡的環境，這正好說明東西方民族喜歡處於不同狀態下工作及生活。

六、聲煞

包括電話鈴響聲、打樁聲、車聲、海浪聲、流水聲等一切聲音，但因每一個人對聲音的感覺都不同，所以一些人覺得是悅耳的聲音，某一些人卻覺聒耳，所以聲煞是因人而異的，只要是感覺不舒服的聲音就是聲煞。

聲煞對人的影響頗大，小則精神不能集中，無法專心工作；大則精神出現問題，有不正常舉動，又容易與人爭吵不和，且易因精神不集中而引致車禍或其他意外。

化解聲煞的方法可以說沒有，除了做隔聲系統以外，就別無他法了。

七、磁電煞

風水的基本概念是研究不同磁場對人有何影響，但這只是從廣義而言。現在我們説的磁電煞是我們會在日常生活遇到的，例如電話、電腦、電纜及無線電話等等，都會對人的大腦構成一定的影響。

有位客人的兒子A結婚不到一年便撞車身亡。意外發生前幾天，A性格變得很奇怪，常有不尋常舉動。事發當晚十二時左右，A和太太吵架後，便隨即獨自駕車外出，之後就發生意外。客人於是請我到元朗他家，看看是否風水出了問題。

經我勘察後，發覺果然是風水出了問題。A婚前與我客人同住一大屋，婚後才搬到大屋後面一間較小的屋居住（見下頁圖一）。

客人原意是希望兒子夫婦有個小天地，但這反而害了他們。因為此小屋之大門方向朝東南，從風水學來説，當時七運正犯損財傷丁。加上此處地形呈三角形，而小屋又正

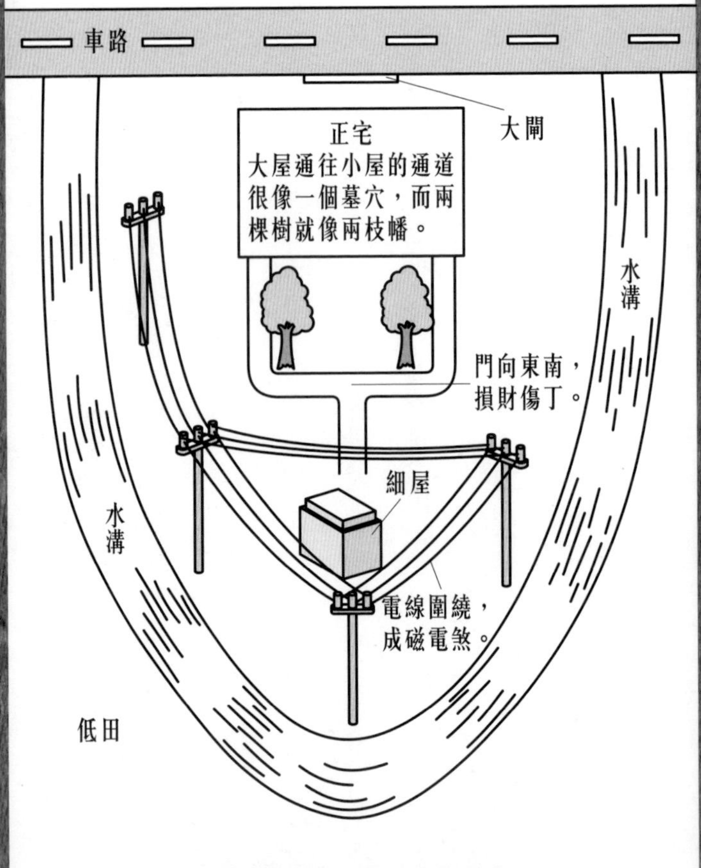
車路
大閘
正宅
大屋通往小屋的通道
很像一個墓穴，而兩
棵樹就像兩枝幡。
水溝
門向東南，
損財傷丁。
細屋
水溝
電線圍繞，
成磁電煞。
低田

(圖一)元朗某宅風水地形圖

好在三角形的末端，加上地形前高後低，所以前方的煞氣都會流到後方，而三角地形後面被水溝圍繞着，令煞氣因不能離開而留在小屋內。

此仍未足以導致殺身之禍，最嚴重的是小屋屋頂剛好有三條電線圍繞着，有一條電線又剛好從屋頂橫過，於是形成一個磁場困着小屋，導致意外發生。

八、顏色煞

顏色煞的基本條件和影響與光煞相同，鮮紅色屬陽，黑色屬陰，過陽過陰在風水學上皆有不良影響。紅色過多會令人精神緊張，黑色過多會令人情緒低落，如辦公室內黑色過多，還會對財運有不良影響。所以不論辦公室或住宅，皆不宜出現紅色或黑色過多的情況。

而顏色亦與不同季節出生的人有不同的配合，如出生於立秋之後、驚蟄以前者屬寒命（即西曆八月八日以後，三月六日以前），立夏後、立秋前屬熱命（即五月六日以後，八月八日以前），以及驚蟄後、立夏前出生者叫「百搭命」（即三月六日以後，五月六日以前），皆有不同之搭配：

寒命的人宜配合青、綠、紅、橙、紫等暖色系列。

熱命的人宜配合白、金、銀、黑、灰、藍等冷色系列。

百搭命則任何顏色皆可為用，然而亦以白、金、銀、黑、灰、藍較佳。

當中尚有米、黃、啡等土色系為中性顏色，任何日子出生的人皆可以用，然而對風水並無幫助，亦無壞影響。

九、理氣煞

理氣煞分為以下兩種：

一種是飛星風水學上的九星，如一為桃花星，二為病符星，三為爭鬥星，四是文昌星等。

一種是室內佈置的問題，例如窗戶、樓梯及電燈泡等以單數為吉，雙數為凶。但這一種理氣煞我覺得並不合道理，故可棄之不用。

第五章

活用風水

如何正確選擇辦公室

我們在選擇辦公室之前，首先要視乎所從事的行業是屬於陰性行業還是陽性行業。如屬陰性行業，則可選擇較偏僻之街道或較窄的橫街；如從事陽性行業，就自然要選擇在大街大巷或大型商廈之內。

至於何謂陰性行業或陽性行業呢？陰性行業包括貿易，尤其是做第三世界國家之貿易、美容業、批發行業等；而陽性行業則包括金融、股票、保險業等。

至於我們選擇在哪一座大廈內設辦公室時，就首先要觀察這座大廈是在街頭、街中間還是街尾。通常大廈在街尾的話，我們會稱之為來水長、去水短（見圖一），代表入財較多，出財較少，但這其實影響不大，因為最重要還是看自己大門之方向。

然後再要察看這座大廈的方向如何。二〇〇四年前為下元七運，粗略來說，大門向正東及向正西皆為上吉之局，而向正南及正北亦各有佳處。最不好的是向西北或東南之局，因為向西北及東南之局為損財傷丁之局。八運最好的方向是大門向東南、西北，為旺財旺丁。其次是正南、正西，利財。正東、正北，旺丁。最差者是大門向東北及西南，為損財傷丁。雖然辦公室設在這大廈裏面，就算把辦公室之風水弄好，亦恐受大廈之格局影響而變壞，但因大廈是共用的，戶數愈多，大門的影響就愈細；戶數愈少，就愈容易受大門方向風水所影響。

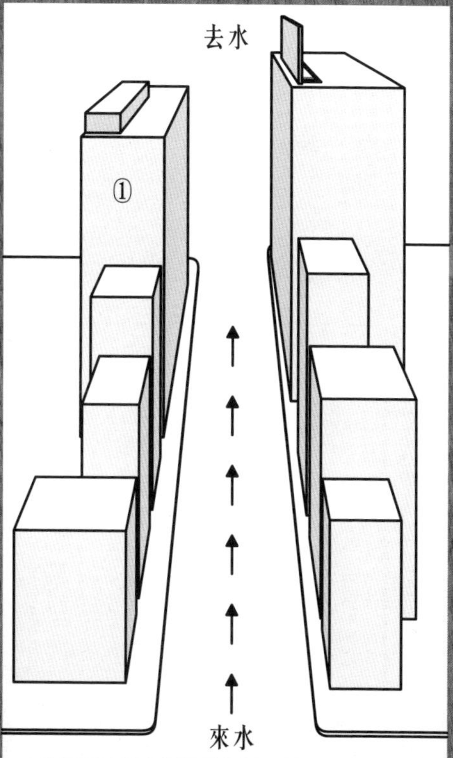

(圖一)大廈①的位置，人們稱之為來水長而去水短。

最後當然要察看自已所在之辦公室方位，以及辦公室之形狀如何。方位跟剛才所提供之向法相同。而辦公室形狀，一般以正方形或長方形為佳，但切忌過分窄長。橫窄長還可，直窄長則不但不能進財，更會引致在裏面工作之人士常患有呼吸系統及肺部之毛病（見圖二）。

辦公室不宜有呈三角形或出現缺角之情況出現，因為以上形狀可能會使財位落在街外，這樣就絕不能聚財了。此外亦要注意窗外有否煞氣，如雞嘴煞、天斬煞、穿心煞（見圖三）及現代之鏡煞等，還要留意所在是否長巷盡頭之單位。

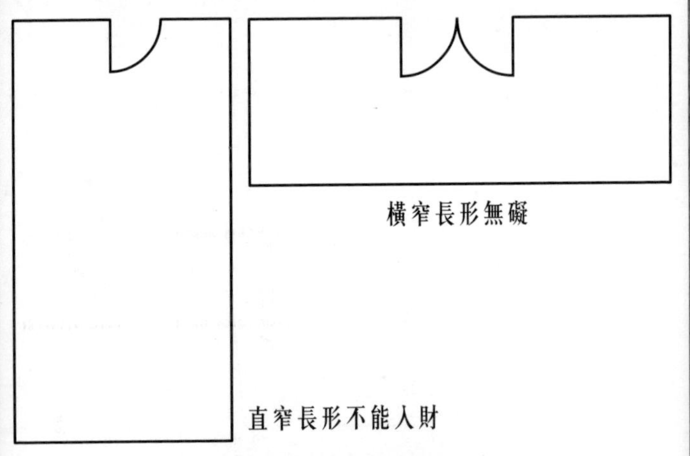

(圖二)辦公室形狀

圖四所示，長巷盡頭為煞氣相沖之位置，必有一勝一負之情況出現。勝方當然是生意興隆，負方則難免關門大吉，甚或人口損傷（一般是大食細，而較細的那一方則容易關門大吉）。

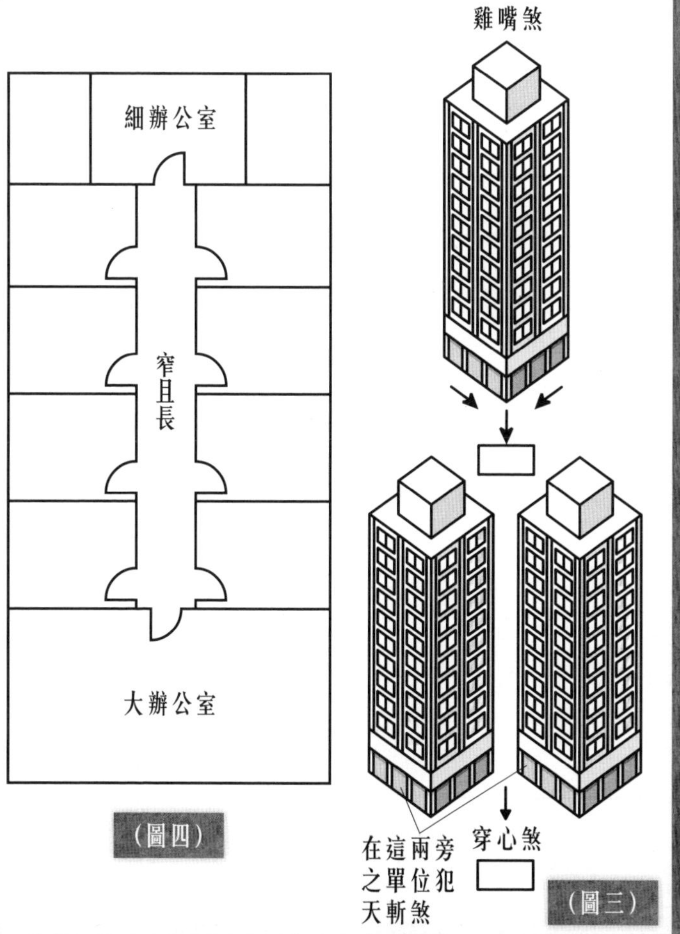

（圖四）

（圖三）

至於室內佈置方面，主要設計老闆、會計之位置，再其次還要察看有否外勤之職員。老闆坐位以在財位或桃花位為吉，會計宜坐吉位，營銷職員宜坐桃花位，利於接見客人。

圖五提供每個方向之財位方、桃花位方，以及凶位方以供參考：

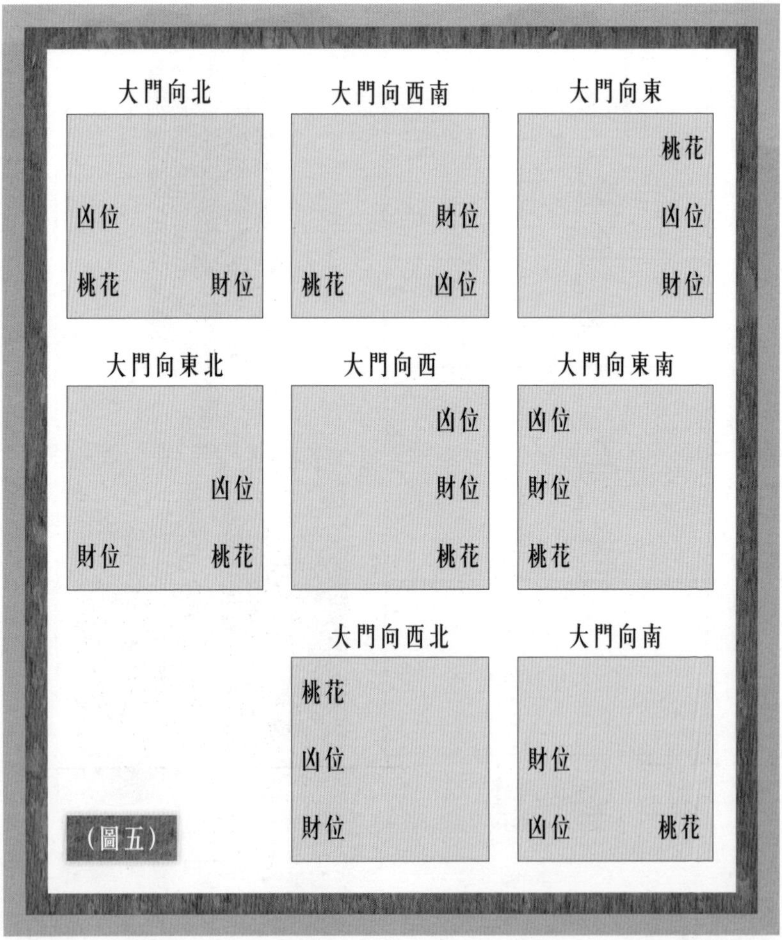

(圖五)

局內凶位方，最宜擺設文件或用作會議室，但切記自己勿坐在凶位方。因主事人在吉方，其他人在凶方，則會議會更為順利。至於其他職員位置，則可如圖六所示。

依照我以上所提供之條件去選擇辦公室，必然萬無一失。

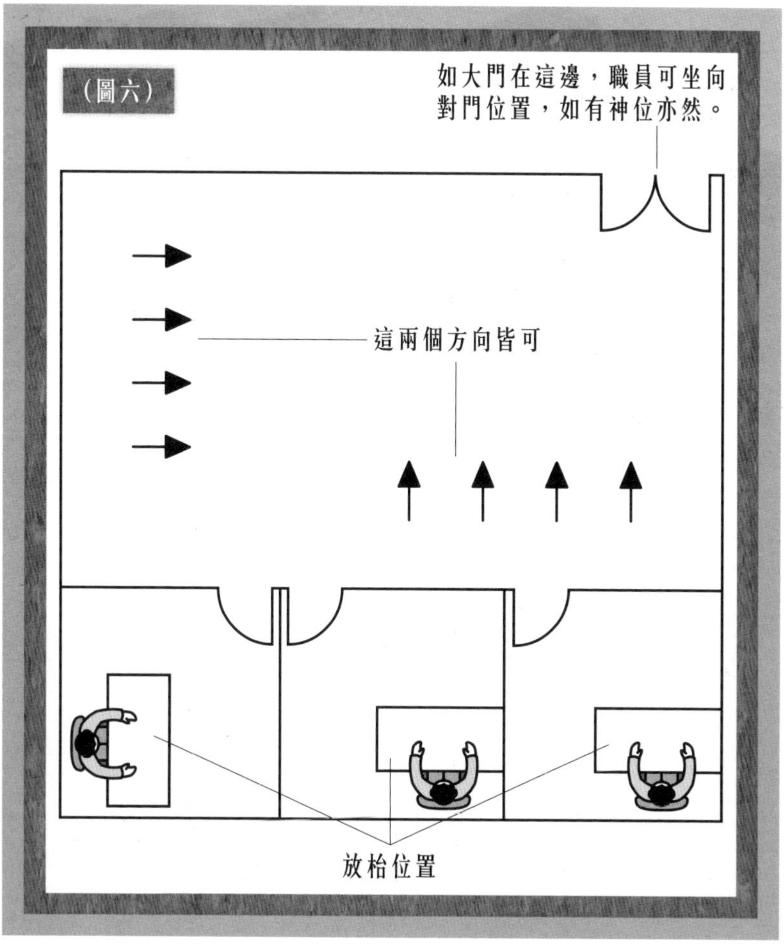
(圖六)
如大門在這邊，職員可坐向對門位置，如有神位亦然。
這兩個方向皆可
放枱位置

如何正確選擇住宅

家居風水與寫字樓風水，驟眼看來沒有甚麼分別，最主要亦是觀察窗外有否雞嘴煞、天斬煞、穿心煞等，其次就要注意窗外有否天線、曬衫竹、八卦鏡；屋與屋之間是否有簷篷；如有泳池，則泳池建在屋之西南方或東北方；如外出見山，亦要觀察山形是否長得美麗或是亂石參嵯等。

二〇〇四年至二〇二三年為下元八運，此運宜東北面見山，西南面見水（水包括泳池、海及河），如此則旺財旺丁，否則人口常有損傷，且亦不能聚財。如荃灣某屋苑，東面為墳場，西面為海，於七運時風水可謂極之不好，當時每次有客人請我勘察那裏之風水，都是大病連連，久醫無效，在沒有辦法之下才要看風水，而並非要求催財發達。但八運以後此屋苑就無問題，因八運旺東北山、西南水，此屋苑正合此運。

風水上有云：「山管人丁水管財」，意思是山形秀麗，必出文人雅士；山形壯觀而有氣勢，則出勇猛大將；相反，山形平坦無氣勢，則多出女人型之男人或同性戀者；如山形不佳，亂石嵾嵯，草木不生之地，則出愚魯之人；男則辛苦，女則常染婦女病症、月事不調等，又小孩會無心向學而成少年罪犯。且此種山勢，風化案特多，更常有色情事件發生。十一咪半至屯門一帶剛好就是這種山形，所以七運時屯門之色情事件不斷發生，色魔橫行，令警方束手無策。其實只要在屯門那些山上廣種樹木，把亂石遮蓋，自然可化凶為吉。

內局方面，陽宅三要為大門、主人房及灶頭。更重要者，是察看財位有否在廁所，廚房是否在凶位內。因財位落在廁所，就算是風水上吉之宅，亦會不斷漏財；而凶位在廚房，則常損人口，尤以女主人為甚。

我以前就曾經在屯門某屋苑為一家人看風水，此宅大門方向為坐西北向東南（即坐亥向巳），七運為損財傷丁之局；再加上廚房落在震方凶位方，大門東南為巽為股，震為東為足，於是我馬上斷定此宅女主人必然疾病連連，尤其足股部位更甚。後來男主人告訴我，他太太正在醫院留醫，是股骨腐爛，要動手術把股骨切掉。

又曾試過有一大門坐西向東（坐酉向卯）之宅，七運本為旺財旺丁上佳之宅，可惜也是灶位剛好在南方靠向東南之凶位方，導致宅男主人手肌肉硬化，其女無端跌斷腳，而其睡在廚房內之工人更慘，腳部長期患病，屢醫無效。後來我着他把灶位搬離凶位方，全家手足之疾即慢慢不藥而癒。所以就我看風水那麼多年之經驗，切記灶位不要設在凶位方。

至於其他還要注意的是，住宅有否對着醫院、廟宇、消防局、警局等。

佈置方面，睡牀前後不能放鏡，亦不可把鏡對門，任何門皆不可；又要察看有否橫樑壓頂、廁所對牀、大門直沖廁所、廚房等。

圖一：此為大門直沖出窗，為漏財之局（但問題不大）。

圖二：大門沖廚房或廁所則對女主人不利。

圖三：大門沖房門，無影響。

圖四：（見下頁）安放神位及睡牀，可以放在穩陣位內。神位可放置在對大門之方向，必然萬無一失。其次可向窗或向開揚之處。

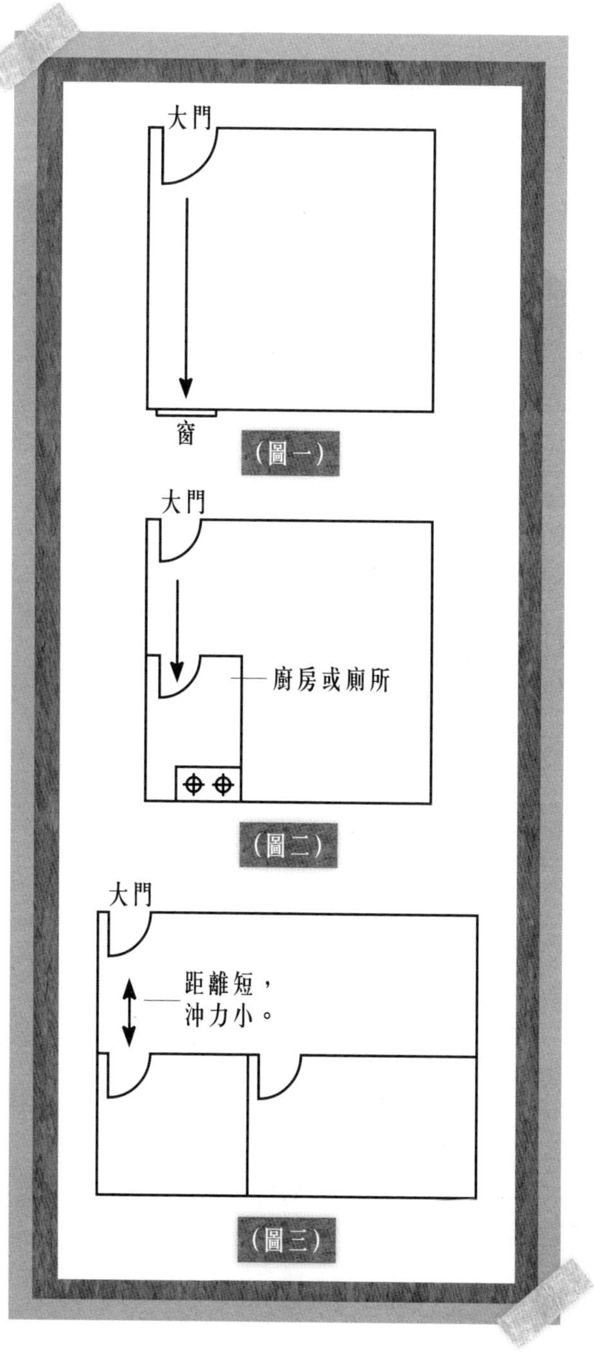

圖五：睡牀可放在房門對角線，最為穩陣，切記不可牀貼開門位置。

圖六：灶位亦適宜放在廚房門之對角線上，切記不可「貼」門而放，否則為凶象。

若依照我以上所提供之方法選擇及佈置住宅，必然合家平安，生活愉快。

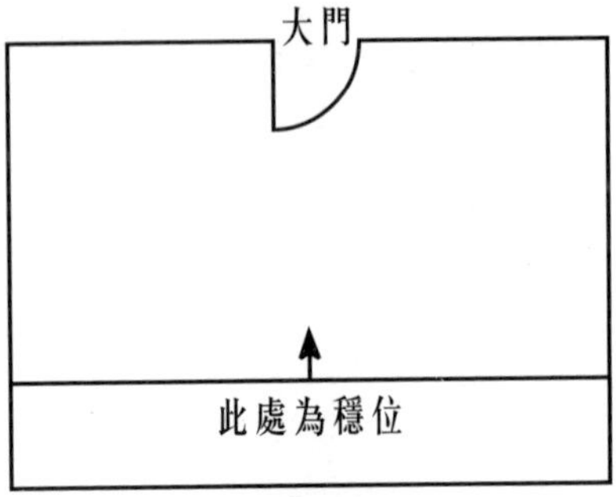

（圖四）

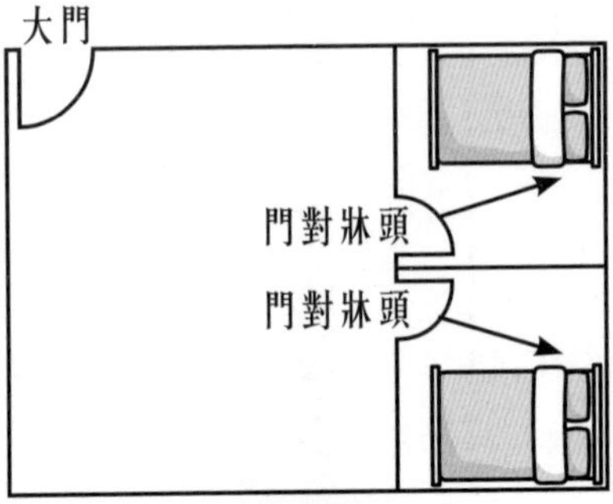

（圖五）

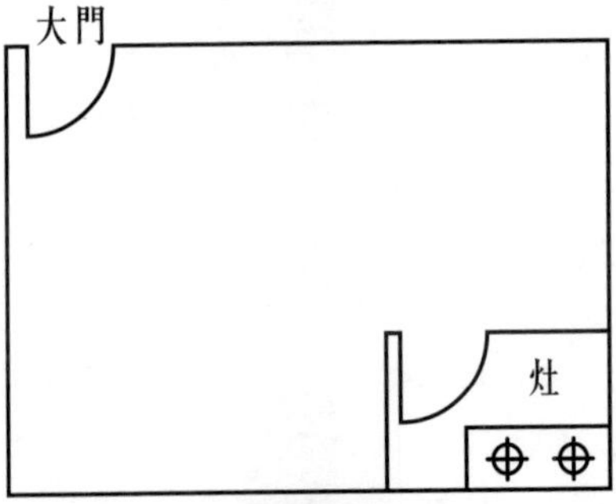

（圖六）

如何尋找財位、桃花位、凶位

察看風水首要之事是找出屋中之財位、桃花位、凶位，然後按照自己之需要而作出適當之佈局，從而善用桃花位（亦即人緣位）、財位，並適當處理凶位等。

吉凶位置

第一步我們首先要學怎樣找出以上之吉凶位置。為使各位讀者更容易找尋，現在我把不同方向之財位、凶位、桃花位之位置列圖如下：

（一）大門坐向南

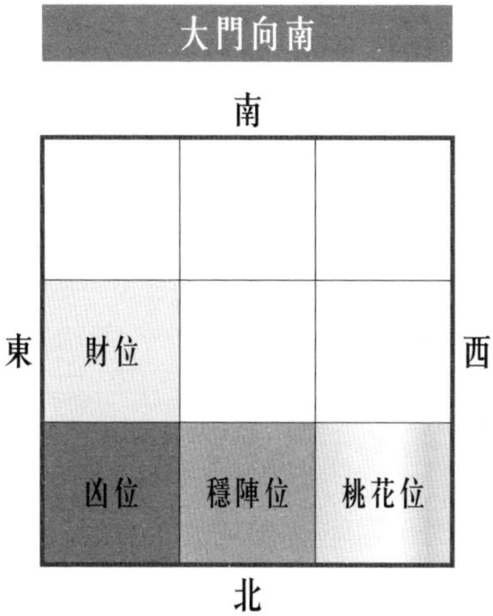

大門向南，桃花位在西北，財位在正東，凶位在東北。

（二）大門坐向西南

大門向西南

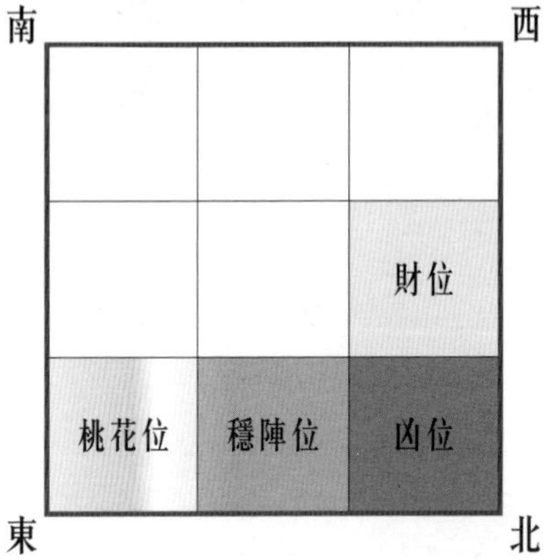

大門向西南，桃花位在正東，
財位在西北，凶位在正北。

（三）大門坐向西

大門向西

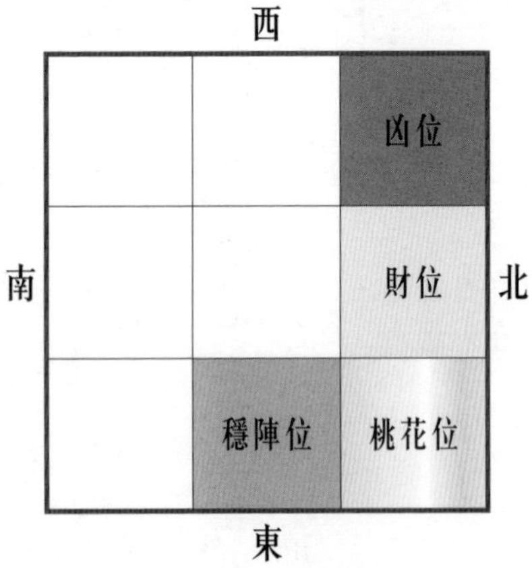

大門向西，桃花位在東北，
財位在正北，凶位在西北。

（四）大門坐向西北

大門向西北

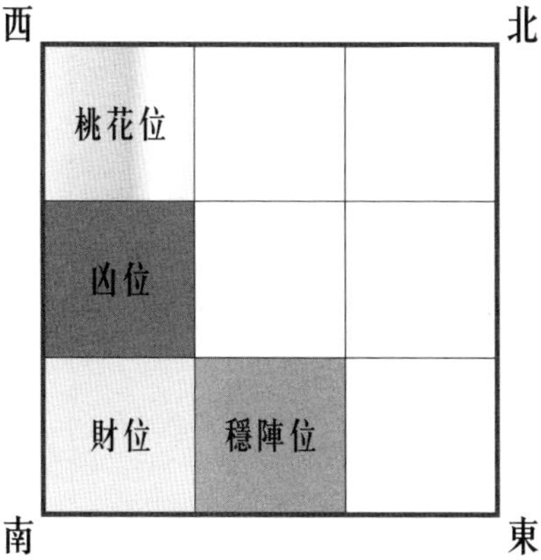

大門向西北，桃花位在正西，
財位在正南，凶位在西南。

（五）大門坐向正北

大門向北

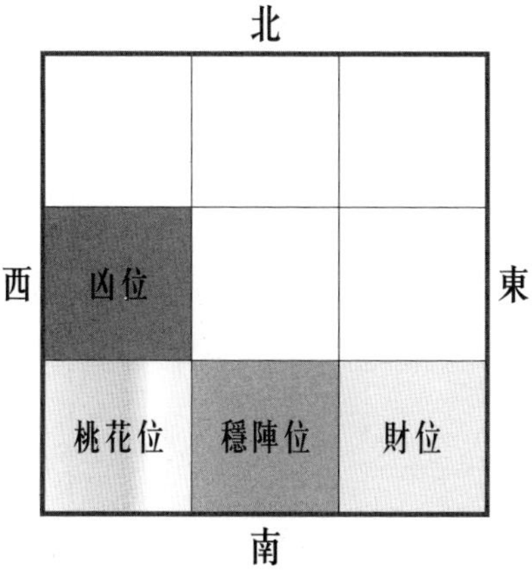

大門向正北，桃花位在西南，
財位在東南，凶位在正西。

（六）大門坐向東北

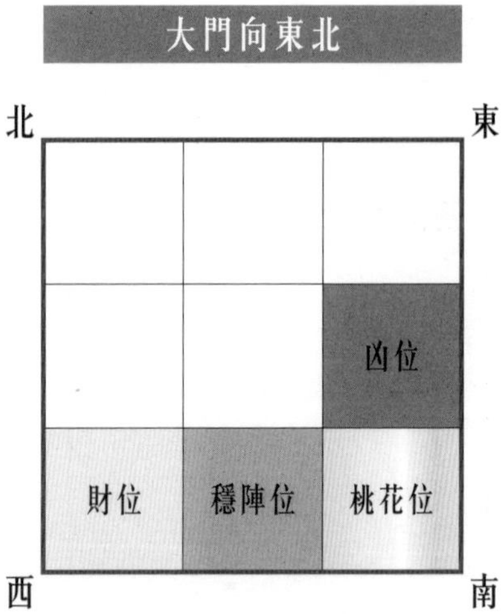

大門向東北，桃花位在正南，
財位在正西，凶位在東南。

（七）大門坐向正東

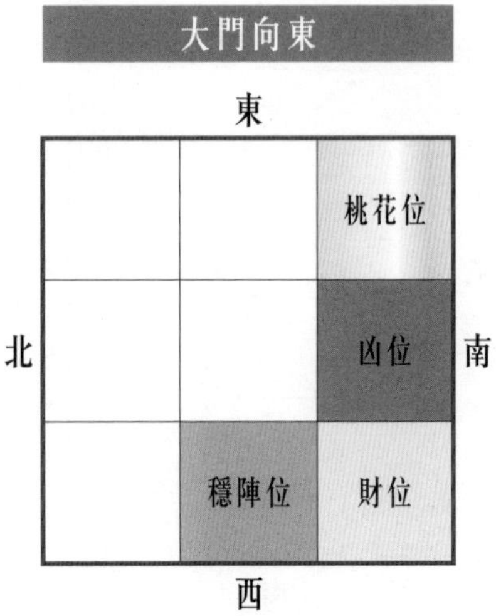

大門向正東，桃花位在東南，
財位在西南，凶位在正南。

（八）大門坐向東南

大門向東南

東　　　　　　　南

凶位		
財位		
桃花位	穩陣位	

北　　　　　　　西

大門向東南，桃花位在正北，財位在東北，凶位在正東。

我們在得出桃花位、財位、凶位之前，首先要知道何謂「大門向東南」，何謂「大門向西南」。

大門方向是以自己單位之大門計算，在單位內向外望，以門外面為向。又每個大門方向是有分界線的，現在以指南針之度數詳述如下：

風水佈局

當我們找出屋宅的方向後，就可依照我列出之桃花位、財位、凶位作出佈局。

大門方向	指南針度數
正南	157 1/2 度至 202 1/2 度止。
西南	202 1/2 度至 247 1/2 度止。
正西	247 1/2 度至 292 1/2 度止。
西北	292 1/2 度至 337 1/2 度止。
正北	337 1/2 度至 22 1/2 度止。
東北	22 1/2 度至 67 1/2 度止。
正東	67 1/2 度至 112 1/2 度止。
東南	112 1/2 度至 157 1/2 度止。

桃花位

桃花位亦即人緣位，有利對外工作之人士。如在辦公室內，桃花位最適宜供老闆、營銷部或一切負責對外聯絡之部門使用。

住宅之桃花位則適合單身人士居住，一則有利結識異性，二則有利人緣。如已婚人士，除非兩夫妻都是做對外工作，常常要接觸不同層面的人，則桃花位亦為合適之位置，否則易有桃色事件。

財位

顧名思義，財位是利財的位置，辦公室內最利作為營銷或老闆之房間。

住宅則適宜用作主人房或給體弱多病之家人居住，因為財位除了有聚財旺財的作用以外，尚可以旺身體健康，所以體弱多病的人睡在財位，對健康有很大幫助。

凶位

是局中最差的位置，又叫「爭吵位」、「病位」。

由於在此位置做事會常常出錯，所以在辦公室之佈局上，常常會把凶位作為會議室之用，並留一角吉位留待己用，在開會之時，只要自己坐在凶位以外，讓其他人坐在凶位之內，便可增加做生意之勝算。

此外，凶位亦可作為文件房、雜物房、茶水房等。

住宅方面，最忌以凶位作為廚房，如凶位用作廚房則對合家身體皆有不利影響，尤其是負責入廚者影響更大。

而凶位在不同方位會對不同的身體部位有影響，如下：

凶位	影響身體部位
正東、東南	手、腳、股、肝、膽
西南、東北	腸胃、皮膚
正西、西北	肺、喉嚨、氣管、骨、頭、舌
正南	心、眼、皮膚、血液循環
正北	腎、膀胱、泌尿系統

風水擺設

我們得出桃花位、財位以及凶位之後，便可以用風水擺設之辦法來催桃花、化桃花、催財聚財及化解凶位。

催桃花、化桃花

催桃花或化桃花，首先要知道桃花位所在的位置，才可對症下藥。

桃花位在正東、東南——

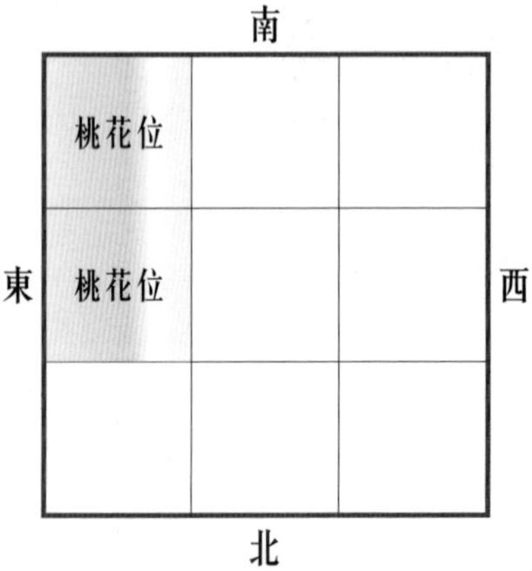

催桃花可以放水。

化桃花可以放紅色物件。

桃花位在東北、西南——

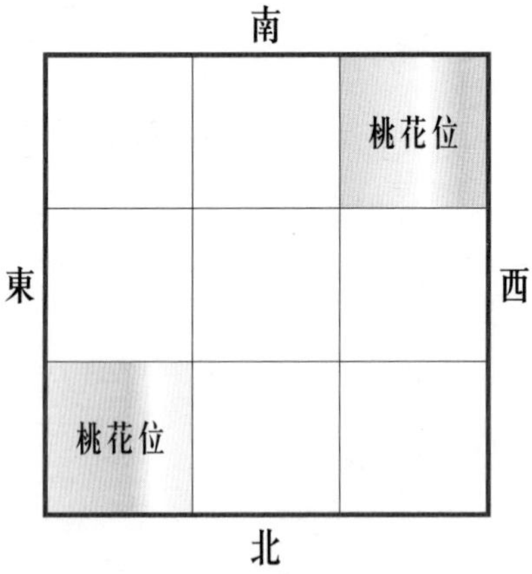

催桃花可以放紅色物件。

化桃花可以放音樂盒。

桃花位在正西、西北——

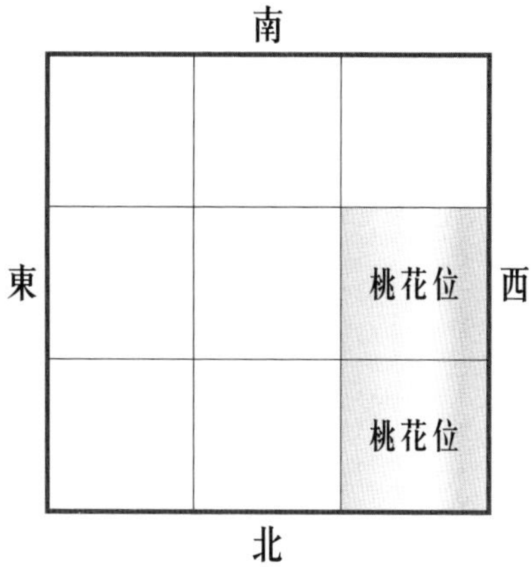

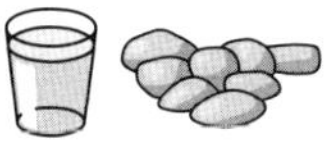

催桃花可以放八粒石頭。

化桃花可以放水。

桃花位在正南——

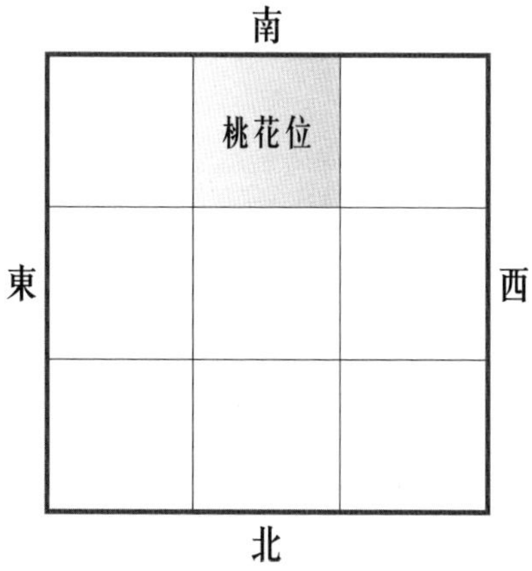

催桃花可放植物。

化桃花可以放八粒石頭。

桃花位在正北——

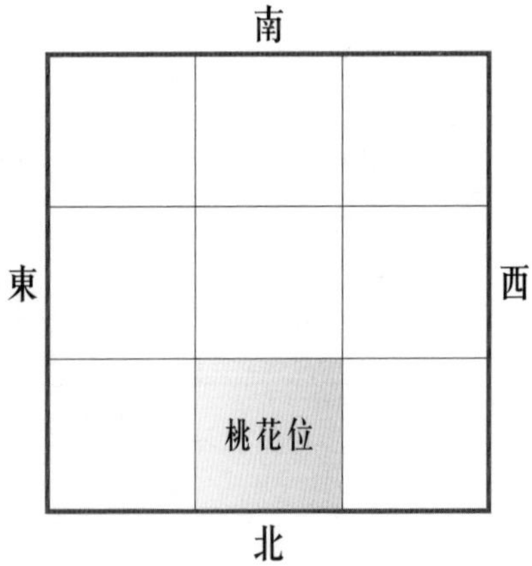

催桃花可放音樂盒。

化桃花可放植物。

催財聚財

催財、聚財之方法較為簡單：催財可在大門旁邊放水種植物或魚缸。聚財可在財位放大葉植物或入了錢的錢箱。

化凶位

不管凶位在何處，皆可用真葫蘆乾一個放凶位內化解。如凶位在廚房則可以在灶底加米、黃色物件（如咭紙或防火膠板）化解。

我們得出格局之方向、吉凶位置、化解方法後便可以開始進行佈局，因為風水最重要者為佈局，而非着重利用甚麼獅子、麒麟、玉石、銅錢等物件。如果佈局得宜，即使是放三數棵植物已可收催財、聚財、化煞、化漏財之效。

辦公室風水佈局

辦公室佈局最重要是知道自己的要求，如需要一個老闆房、一個會議室、一個營銷部，只要按着自己所需便可進行佈局。

圖一大門向南，財位在正東，桃花位在西北，凶位在東北，而穩陣位在正北。我們可以把會議室放於凶位之內，然後把會議室之其中一面放於財位或穩陣位內，這樣開會的時

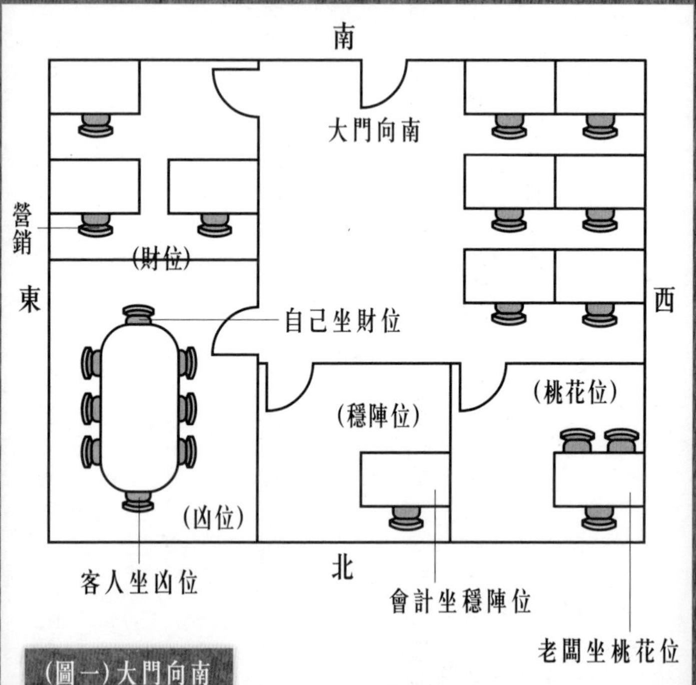

(圖一) 大門向南

候，只要自己坐於財位方（見圖一）或穩陣位方（見圖二）便可。而自己房在穩陣位、桃花位或財位皆為有利，至於會計可坐穩陣位，而不適宜坐於桃花位。因桃花位是利交際人緣、與人打關係的位置，如會計在桃花位，恐怕會因私人關係而做出對公司不利之行為。營銷部則宜坐財位或桃花位。

而其他員工則可坐於向大門之方向，位置如圖一、圖二皆可。

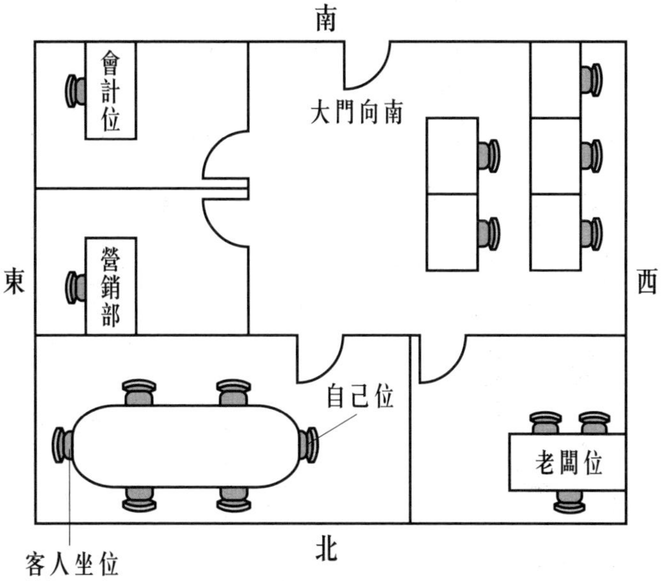

(圖二)大門向南

我們佈置好各人所坐的位置後，便可以進行風水之擺設，以收催財、聚財、化爭吵、旺人丁之效。

在大門旁放水種植物或魚缸催財，財位放大葉植物或夾萬聚財，凶位放葫蘆化病、化爭鬥，最後在穩陣位放大圓石春旺身體健康，人口平安（見圖三）。

但是有些辦公室面積龐大，凶位、財位、桃花位動輒

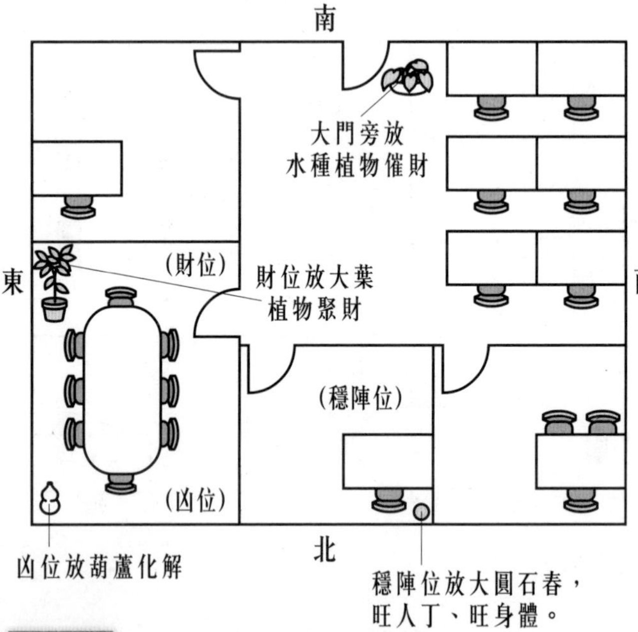

(圖三)

數千呎之巨，當然不能把數千呎凶位全作會議室之用。

如遇這種佈局，只要依從以上之法則便可，如財位可作營銷部之用；桃花位可作外勤部；老闆及重要之行政人員可分散坐於穩陣位、財位、桃花位方；會計可在穩陣位或吉位；凶位則當作會議室、休息室、茶水部甚至其他不重要職員之坐位之用。

然後再按照以上之風水佈局即可——在大門旁或大門正對之處放魚缸或水種植物催財；如接待處非常廣闊，有時亦可在接待處之後面放一個很大之魚缸作為屏風，以收催財之效；然後在財位多種大葉植物，凶位方之葫蘆乾可放於天花板內，再於穩陣位中央之處放置大圓石春或任何大型石頭擺設均可。

家居風水佈局

家居風水佈局與辦公室之佈局有所不同，因為家居風水佈局還要配合家宅各人之八字而定出各人之牀頭方向以及配合之顏色。

簡單而言，一般人可分為三組不同之命：

寒命人——生於立秋（西曆八月八日）之後，驚蟄（西曆三月六日）前。

利木、火。牀頭利向東、南。

顏色宜青、綠、紅、橙、紫。

熱命人——生於立夏（西曆五月六日）之後，立秋（西曆八月八日）前。

利金、水。牀頭宜西北。

顏色宜白、金、銀、黑、灰、藍。

平命人——生於驚蟄（西曆三月六日）之後，立夏（西曆五月六日）前。

因為出生時氣候溫和，基本上金、木、水、火、土皆可為用，然其中亦以金、水較為適合，亦即牀頭向西、北。

顏色以白、金、銀、黑、灰、藍為佳。

家居風水學，除了要配合居住的人之時辰八字外，還要察看財位是否在廁所內，凶位是否在廚房內。

假如犯上財位在廁所，無論如何補救亦有漏財之象，即使在廁所內放大葉植物及錢箱，亦不能完全化解，唯有將手頭現金化做可換錢的基金債券或不動產；凶位在廚房內會引致全家人健康不佳，尤其是對入廚者則影響更大，但放葫蘆及灶底米黃色物件，便可以化解九成以上。

例一：大門向西

康和式居室，一家四口居住。首先要得出全家人何人為熱命，何人為寒命，然後再配合顏色及睡牀方向佈局。

如牀頭方向不能配合，則可用宅內形勢之睡牀佈局方法放於吉位之內亦可。

戶主——一九六九年九月二十四日出生（寒命）。

戶主太太——一九七四年十一月二十二日出生（寒命）。

大仔——一九九七年六月十日出生（熱命）。

細女——一九九九年一月二日出生（寒命）。

從以上得出宅主人、女戶主、細女為寒命，牀頭宜東南，顏色宜青、綠、紅、橙、紫。

大仔為熱命，牀頭宜西北，顏色宜白、金、銀、黑、灰、藍。現佈局如下（見圖一）：

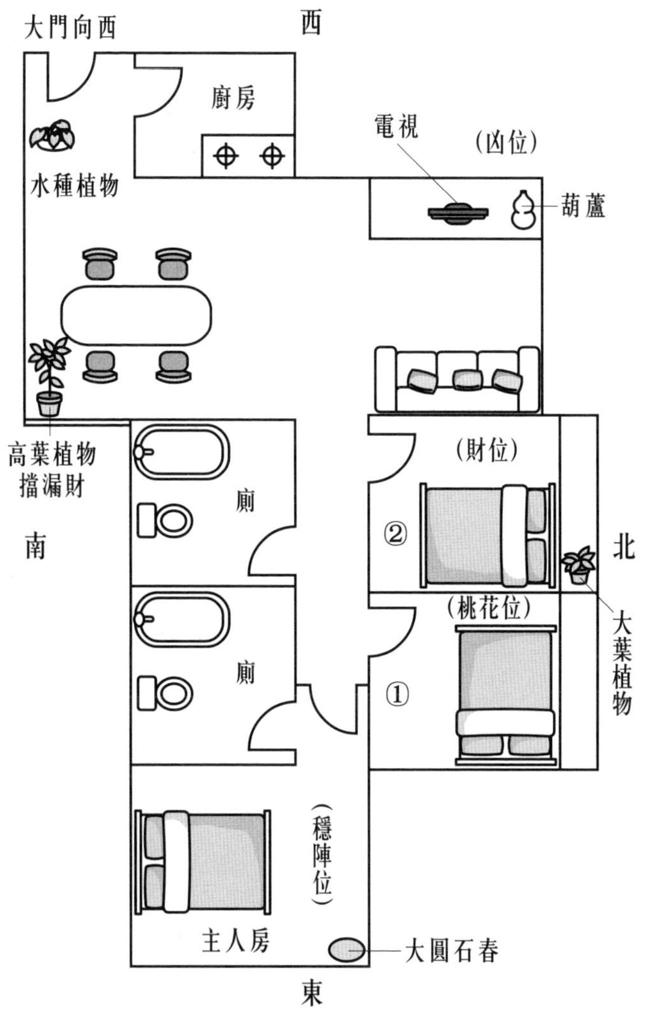
大門向西
西
廚房
電視
(凶位)
葫蘆
水種植物
高葉植物
擋漏財
南
廁
(財位)
②
北
(桃花位)
廁
①
大葉植物
(穩陣位)
主人房
大圓石春
東

(圖一) 基本風水佈局

此局大門向西，吉凶方位如下——

財位在正北，

桃花位在東北，

凶位在西北。

風水佈局如下——

(1) 在大門旁放水種植物催財，

(2) 凶位放葫蘆化病，

(3) 財位放大葉植物聚財，

(4) 隱陣位放大圓石春旺身體、人緣。

(5) 大門沖窗，如怕漏財，可放高葉植物化解。

大門向西

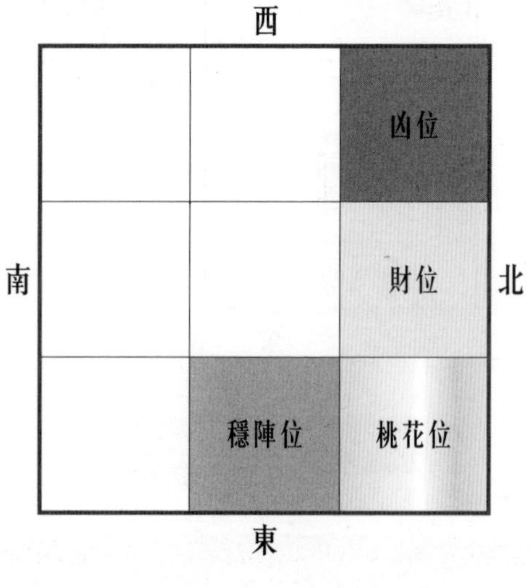

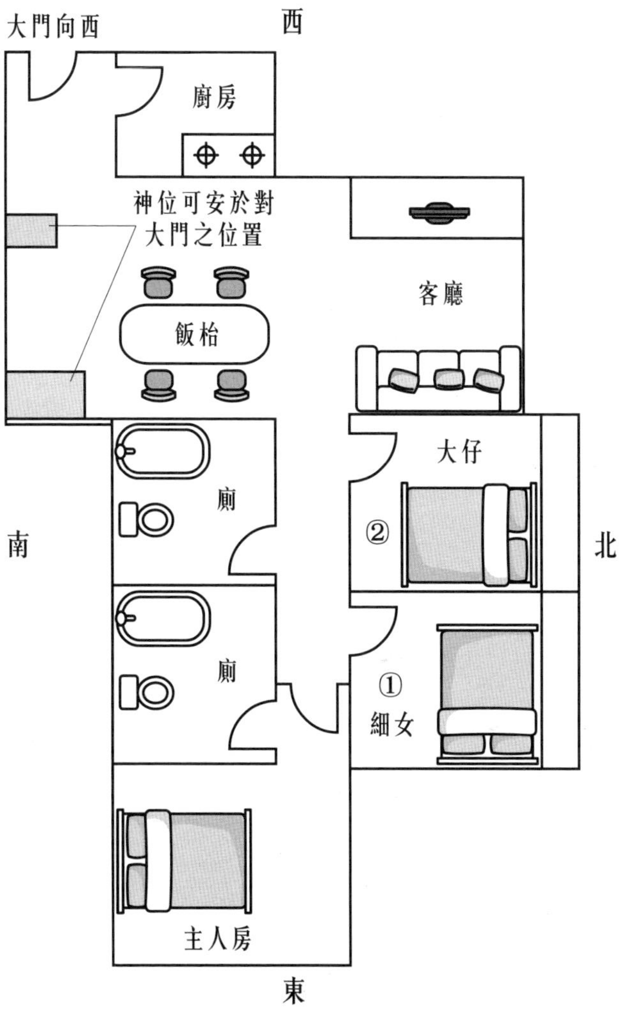

(圖二)牀位及家具擺設方法

從圖一之間格，見到西北方凶位有缺角，東北方之桃花位亦有缺角。凶位缺角代表凶位大部分在屋外，這樣屋內便無凶位，可說佳象。而東北桃花位缺角，則不利桃花，然而戶主已婚，子女年紀亦相當小，可說沒有問題，而且還有一半桃花位在一房之內。

圖二是安放牀位及全屋家具擺設的方法。

室內佈局應盡量利用局內之吉位，而凶位則只作為放置死物之用。如客廳西北角位是凶位，最好用作擺放電視，而靠近二房之位置為財位，最好用作擺放梳化。而廚房內之灶位可放在廚房之永遠吉位之內。如要安放神位，可在對着大門的地方擺放。睡牀方面，主人房牀頭向南，配合寒命人；細女睡在①房，牀頭向東；大仔睡在②房，牀頭向北，以配合熱命。

顏色方面，除了大仔之房間要配合其命格，要用白、金、銀、黑、灰、藍等顏色外，其餘兩個房間以及客廳、飯廳，顏色皆以青、綠、紅、橙、紫為主。因為宅主人為寒命，所以佈局以配合宅主人為主。

顏色配合主要以牆身及窗簾為主，地板顏色亦要配合，但不是代表全屋任何家具擺設都要如此，而廚房、廁所則不需配合，任何顏色皆可。

又如青、綠、紅、橙、紫，並不代表大紅、大紫，而是帶有溫色系列之顏色皆可採用，如雪中玫瑰（帶粉紅）、雪中蘭花（帶粉紫）、雪中蘋果（帶粉綠）等。

又如用白、金、銀、黑、灰、藍之顏色組合，藍可用天藍，灰可用淺灰等。

唯一要注意的是，不論任何命格皆不可以用鮮紅色及黑色為主色，因黑色代表陰中之陰，多用會使人情緒低落，嚴重者疾病連連；紅色代表陽中之陽，多用會使人情緒高漲，不能安靜，嚴重者會出現爭吵、打架、撞車等事，不可不防。

風生水起巒頭篇

作者

蘇民峰

編輯

梁美媚

美術統籌及設計

Amelia Loh

美術設計

Ken Kan

插畫

Chimpanzee

出版者

圓方出版社

香港北角英皇道 499 號北角工業大廈 18 樓

營銷部電話：（852）2138 7961

電話：2138 7998

傳真：2597 4003

電郵：marketing@formspub.com

網址：http:\\www.formspub.com

http:\\www.facebook.com\formspub

發行者

香港聯合書刊物流有限公司

香港新界大埔汀麗路 36 號

中華商務印刷大廈 3 字樓

電話：2150 2100

傳真：2407 3062

電郵：info@suplogistics.com.hk

承印者

中華商務彩色印刷有限公司

香港新界大埔汀麗路36號

出版日期

二○一四年十二月第一次印刷

ISBN 978-988-8295-73-9

Published in Hong Kong

瀏覽網站

會員申請

歡迎加入圓方出版社「正玄會」

登記成為「正玄會」會員
• 可收到最新的玄學新書資訊 •
• 書展"驚喜電郵"優惠 * •
• 可優先參與圓方出版社舉辦之玄學研討會及教學課程 •
• 每月均抽出十位幸運會員，可獲精選書籍或禮品 •
* 幸運會員將會收到驚喜電郵，於書展期間享有額外購書優惠

- **您喜歡哪類玄學題材？**（可選多於 1 項）

□風水　□命理　□相學　□醫卜　□星座　□佛學　□其他 ______

- **您對哪類玄學題材感興趣，而坊間未有出版品提供，請說明：**

______

- **此書吸引你的原因是？**（可選多於 1 項）

□興趣　□內容豐富　□封面吸引　□工作或生活需要
□作者因素　□價錢相宜　□其他______

- **您從何途徑擁有此書？**

□書展　□報攤 \ 便利店　□書店（請列明：______）
□朋友贈予　□購物贈品　□其他 ______

- **您覺得此書的價格：**

□偏高　□適中　□因為喜歡，價錢不拘

- **除玄學書外，您喜歡閱讀哪類書籍？**（可選多於 1 項）

□食譜　□旅遊　□心靈勵志　□健康美容　□語言學習　□小說
□兒童圖書　□家庭教育　□商業創富　□文學　□宗教
□其他______

姓名：______□男 \ □女　□單身 \ □已婚
聯絡電話：______　電郵：______
地址：______
年齡：□ 20 歲或以下　□ 21-30 歲　□ 31-45 歲　□ 46 歲或以上
職業：□文職　□主婦　□退休　□學生　□其他______
填妥資料後可：
寄回：香港英皇道 499 號北角工業大廈 18 樓「圓方出版社」
或傳真至：（852）2597 4003　或電郵至：marketing@formspub.com

* 請剔選以下適用的項目
□我已閱讀並同意圓方出版社訂立的《私隱政策》聲明 #　□我希望定期收到新書及活動資訊

有關使用個人資料安排
您好！為配合《2012 年個人資料（私隱）（修訂）條例》（《修訂條例》）的實施，包括《2012 年個人資料（私隱）（修訂條例》中的第 2（b）項，圓方出版社（香港）有限公司（下稱"本社"）希望閣下能充分了解本社使用個人資料的安排。為與各曾跟圓方出版社（香港）有限公司接觸的人士及已招收的會員保持聯繫，並讓閣下了解本社的最新消息，包括新書推介、會員活動邀請、推廣及折扣優惠訊息、問卷調查、其他文化資訊及收集意見等，本社會不時向各位發放相關信息。本社會使用您的個人資料（包括姓名、電話、傳真、電郵及郵寄地址），來與您繼續保持聯繫。
除作上述用途外，本社將不會將閣下的個人資料以任何形式出售、租借及轉讓予任何人士或組織。

請填妥後對摺，黏貼後即可直接郵寄謝謝

請貼郵票

寄

香港英皇道 499 號
北角工業大廈 18 樓
「圓方出版社」收

圓方出版社

正玄會

• 尊享購物優惠 •

• 玄學研討會及教學課程 •